Der Wunderläufer
Haile Gebrselassie

Auf den Spuren einer Legende

Klaus Weidt

acasa Werbung & Verlag

Dieses Buch ist allen gewidmet, die sich dem Ausdauerlauf verschrieben haben, gleich ob Marathonläufer oder Freizeit-Jogger. "Jeder ist ein Sieger, der sich überwindet, zur eigenen Freude, für seine Gesundheit oder für einen Wettkampf", urteilt Haile Gebrselassie und sagt von sich: "Ich werde mein Leben lang laufen, auch dann, wenn es nicht mehr um Rekorde und Medaillen geht. Denn Laufen ist Leben."

Der Autor bedankt sich bei allen, die ihn unterstützten. Besonders bei Haile Gebrselassie selbst, bei den äthiopischen Freunden Amanuel Hawariat, Trainer Dr. Yilma Berta und Andulem Tesfaw. Ein Dankeschön auch an Lutz Kuhardt, der dieses Buch gestaltete und viele Anregungen gab.

Weiterführende Informationen und Hinweise fand er in folgenden Publikationen: "The Greatest" (breakway books), "Laufen mit Haile Gebrselassie" (Ehrenwirth, Verlagsgruppe Lübbe), "Paul Tergat" (Verlag Meyer & Meyer), "äthiopien" (Reise Know How), "Äthiopien" (Nelles Verlag).

Inhalt

1.
Auf der Suche nach Haile

Wie kommt man zu einer äthiopischen Startnummer?

Persönlich lernte ich ihn ziemlich spät kennen. Natürlich hatte ich seine Laufbahn von Anfang an aufmerksam verfolgt und seine Rekorde und Siege bestaunt, die nur so wie reife Äpfel von den Bäumen fielen, kaum eine madige Frucht darunter. Nicht nur mir kam er manchmal vor wie ein Außerirdischer im Ausdauersport, selbst wenn man aus der langjährigen Geschichte wusste, dass die Laufastronauten Afrikas schon so manches Sternenwunder vollbracht hatten. Denken wir nur an Abebe Bikila. Doch was Haile Gebrselassie, dieser junge Mann aus dem uralten Äthiopien, an Medaillen heimbrachte, ließ verwundern. Und so überschlugen sich bald die Titel, die sich Journalisten einfallen ließen, vom "Jahrhundertrenner" bis zum "Wunderläufer".

Mein Wunsch, ihm persönlich zu begegnen, ging weder bei Weltmeisterschaften, Olympischen Spielen oder Rekordrennen in Erfüllung. Haile erschien stets so schnell wie er verschwand. Ein Komet. Pressekonferenzen, die er zwar ausdauernd, mit seinem unvergleichlichen Lachen und nie versagendem Humor moderierte, konnten nur wenig Einblicke in seine eigene Welt geben. Doch wie dringt man in sie ein, um mehr von ihm und seinem Leben zu erkunden?

Noch nie, so ergaben meine Recherchen, war bisher eine deutsche Läuferschar in das Land des Haile Gebrselassie und Abebe Bikila gereist, um bei einem Marathon zu starten. Die äthiopischen Stars fliegen, wie auch ihre kenianischen Nachbarn, zielgerichtet zu ausgewählten europäischen

Rennen, wo hohe Siegesprämien locken, was, kennt man die Lebenslinien dieser afrikanischen Regionen, durchaus verstanden wird. Also hatten wir wohl zu reisen in dieses ostafrikanische Hochland, zwischen Sudan, Somalia und Kenia gelegen, unweit vom Horn von Afrika, mit seinen faszinierenden Landschaften und geschichtsträchtigen Kulturen.

Doch wie?

Zwei äthiopische Reiseunternehmen wurden mit einer Aufgabe beauftragt, die sich für sie schließlich als unlösbares Gewinnspiel herausstellte. Sie hatten herauszufinden, wann und wo ein einheimischer Marathonlauf stattfindet und ob zu diesem Anlass Haile Gebrselassie in Addis Abeba weilen würde. Beide ließen sich jeweils ein Jahr Zeit und - kapitulierten. Ein Marathon war zwar ermittelt, er hatte sogar Tradition und wurde meist im Juni, in Addis Abeba, ausgerichtet. Schon mehr als zwei Jahrzehnte alt, nach der Marathonlegende Abebe Bikila benannt, als Testrennen für alle Äthiopier, die so werden wollten wie ihre erfolgreichen Laufstars. Und das sollten immer so an die fünfhundert sein, mindestens. Ich war überrascht, das war schon interessant und aufregend. Doch keiner der Sportführenden des Landes wollte sich auf einen exakten Termin im Jahr voraus festlegen, und einen Gebrselassie für eine bestimmte Zeit festzunageln, ließ sich erst recht nicht machen. "Sorry", sagten diese Reiseagenturen schließlich und ließen das Geschäft fallen.

Doch es fand sich noch eine dritte. Bei der Tourismusbörse in den Berliner Messehallen am Funkturm versperrte ein dunkelhäutiger junger Mann mit Oberlippenbart meinen Rundgang und sprach mich in fließendem Deutsch an: "Hallo, wollen Sie nicht mal nach Äthiopien?" Er stellte sich als Amanuel, Chef eines Touristikunternehmens, vor, das er gründete, als er nach langjährigem Schifffahrt-Studium in Rostock bitter spüren musste, das es die falsche Fakultät war. Eritrea, das bis dahin äthiopische Land am Roten Meer, hatte sich abgenabelt. Amanuel ließ auch dann nicht locker, als ich ihm von der

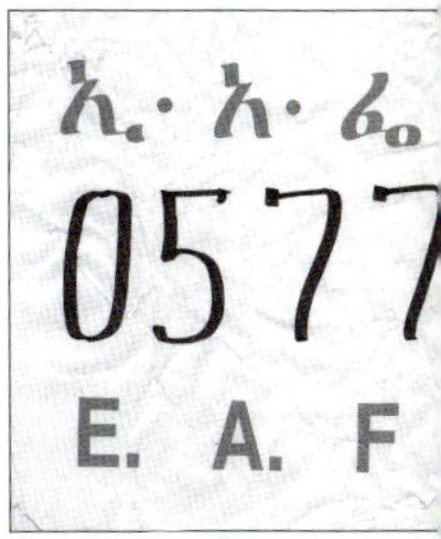

Die Startnummer des Autors beim Abebe-Bikila-Marathon 2005.

Bild Seite 6: Haile Gebrselassie mit Amanuel Hawariat, der es ermöglichte, dass deutsche Gäste erstmals an dieser Marathonveranstaltung teilnehmen konnten, die eigentlich nur der afrikanischen Talentesichtung vorbehalten war.

Resignation seiner Mitbewerber berichtete. "Lass mich machen, ich schaffe es." Ich gab ihm nur ein halbes Jahr Zeit...

Amanuel packte es tatsächlich. Zwei Monate nach unserer Begegnung erreichte uns eine Mail mit folgendem Inhalt: Abebe-Bikila-Marathon am 8. Juni, ihr könnt daran teilnehmen, und Haile ist auch in Addis. Mit dem ihm eigenen Ehrgeiz hatte er die Ethiopian Athletics Federation überzeugt, uns zu empfangen und sich auf einen exakten Termin festzulegen. Haile hatte er, was ich nicht erfuhr, zwar nicht erreicht, von dessen Sekretärin aber erfahren, dass zu diesem Zeitpunkt keine Auslandsverpflichtungen in seinem Terminkalender standen.

Wir waren erst einmal begeistert und formierten eine Laufreisegruppe. Sie umfasste schließlich zwei Dutzend Interessenten, darunter - der Anlass war es ihnen mehr als wert - die Chefredakteure zweier deutscher Running-Journale. Am 5. Juni 2005 stiegen sie alle, mit einer gewissen Spannung aufgeladen, in die Nachtmaschine der Ethiopian Airlines.

Turbulenzen in 2500 m Höhe und ein "Umweg"

Der Nachtflug verlief ruhig, die Landung in Addis Abeba, der höchsten Metropole Afrikas, war sanft. Auch der Reisebus stand pünktlich vor dem Airport, doch in Amanuels Freude über unser Kommen ließ sich Unruhe nicht verbergen. Irgendwelche Turbulenzen in 2500 m Höhe. War Haile

doch ausgeflogen? War der Marathon verschoben worden? Ignorierte der Veranstalter unseren Wunsch, zusätzlich auch einen Halbmarathon zu stoppen?
Was wir in Deutschland nicht mitbekommen hatten: In der äthiopischen Hauptstadt waren heftige Unruhen ausgebrochen. Die oppositionellen Kräfte fochten das frisch veröffentlichte Wahlergebnis an und brachten mehrere Tausend auf die Straßen. Diese sahen sich bald bewaffneten Polizeikräften gegenüber. Die Konfrontation ließ nicht lange auf sich warten, es fielen Schüsse, Protestierende wurden verletzt. In einigen Zeitungen war sogar von Toten die Rede. In diese nicht ungefährliche Situation platzten wir nun hinein, auf der Suche nach einer Haile-Welt...
Addis Abeba, zu Deutsch die "Neue Blume", schien an unserem Ankunftstag wenig farbig. Wie ausgestorben. Kaum Fahrzeuge auf den breiten Straßen, was in dieser an sich turbulenten Hauptstadt ungewöhnlich war. Die Bole Road, eine der geschäftigsten Boulevards, fast leer. Auch das Alem Building, Handelshochhaus von Haile Gebrselassie, machte einen verlassenen Eindruck. Amanuel drückte wieder mal die ihm inzwischen bekannten Haile-Handy-Tasten, doch keine Reaktion. Die vielen hundert Läden des verschachtelten Merkato-Marktes, der noch größer als der El Khalili-Basar in Kairo sein soll, verschlossen.
Kein Wunder, wenn man uns in dieser nicht überschaubaren Lage nach nur kurzem Aufenthalt erst einmal aus Addis hinaus schleuste. Zu einer Zwei-Tage-Exkursion ins "Land des Lebens", wie die hügelige Landschaft zum Wenchi-Krater, etwa 170 km von der Hauptstadt entfernt, in den Prospekten bezeichnet wurde. Natürlich hatten wir nichts dagegen, machten nur immer wieder darauf aufmerksam, dass wir auf zwei Ereignisse nicht verzichten können - die Teilnahme am Abebe-Bikila-Marathon, sollte er stattfinden, und die Begegnung mit Haile.
Was wir nun erst einmal erlebten, besänftigte die Gemüter. Allein die Fahrt durch die grünen Weiten im äthiopischen

Mit 1,1 Millionen Quadratmetern, im Osten Afrikas gelegen, gehört die Bundesrepublik Äthiopien zu den größten Staaten des Kontinents. Kultur und Traditionen des einstigen Abessinien reichen mehr als drei Jahrtausende zurück. Etwa 80 Millionen Einwohner leben mit 83 Sprachen und 200 Dialekten in diesem Land - eine Region landschaftlicher Gegensätze, vom Hochland, das über 4500 m ansteigt, bis zum Großen Grabenbruch und zu den Quellen des Blauen Nils. 85 % der Bevölkerung sind Bauern. Äthiopien war nie kolonialisiert. Die Schriftsprache ist Amharisch.

Bild Seite 8: Blick auf einen Teil des grünen Addis Abeba.

Südwesten und die lang hingezogenen Straßendörfer wurden für uns schon aufregend. Menschen in farbenprächtigen oder durchweg weißen Kleidungen, barfuß oder in leichten Sandalen, die sich durchweg Kilometer weit in eine Richtung zu bewegen schienen. Mit Wasserkrügen oder Plastikkanistern auf den Köpfen, in den Händen oder, wer einen Esel sein eigen nannte, auf dessen Rücken transportierend. Dazwischen immer wieder Herden von Ziegen, Rindern, Schafen, die hier "Vorfahrt" genossen. Bewundernswert der Fahrer am Lenkrad unseres Kleinbusses, wie er, über viele Jahre trainiert, die unumgänglichen Ausweichmanöver traumhaft meisterte. Strohbedeckte saubere Häuschen, fruchtbares Hochland, rechts und links eine aus UN-Geldern gut asphaltierte Fernstraße, auf den Ackerflächen Bauern, die mit ihren hölzernen Geräten pflügten wie schon vor vielen hundert Jahren.

Unser Ziel, die Stadt Woliso, auch Ghion benannt, machte einen zwiespältigen Eindruck. Zwischen den zementierten Häusern zahlreiche Wellblech- und Lehmhütten, vor denen unentwegt Handel und Wandel betrieben wurde. Auf dem zerfurchten und verschlammten Weg zu unserer Unterkunft kaum ein Durchkommen zwischen Tieren aller Art, Kirchgängern und spielenden Kindern. Die Laufreisegruppe wurde immer ruhiger, die Gesichter immer länger. Hier sollten wir übernachten? Dann die Einfahrt in eine Art Paradies: ein Lodge-Resort mit Bungalows, vielfältiger Vegetation, herumhangelnden Affen, einladenden Gärten und einem Schwimmbekken. Ein touristischer Punkt auf der neu eröffneten Einladungskarte Äthiopiens für seine Überseegäste.

Diese, also in diesem Falle wir, blieben nicht in diesem erholsamen Gelände, sondern spazierten bald an den Hütten vorbei, erschraken durchaus über deren Einfachheit, spielten mit den Kindern Tischtennis und waren überrascht, wie trotz der unübersehbaren Armut in jedem Gesicht ein Lächeln stand. Von Slums, wie ich sie am Rande von Nairobi oder Kapstadt kennen lernte, konnte man hier nicht sprechen. Kein Unrat am Straßenrand, keine stinkenden Abwässer, obwohl ein Abwassersystem nicht existierte.

Bevor wir nach Addis zurückkehrten, unternahmen wir noch einen Abstecher in die Umgebung. "Ihr müsst unseren Wenchi-Krater gesehen haben". Darauf bestand Andy, der Reiseführer, und er hatte Recht. Aus 3000 m Höhe staunten wir über einen riesigen Kratersee inmitten einer Natur, die sich in diesem Zusammenspiel mit jedem Schweizer See vergleichen konnte. Schade, dass für solch ein atemberaubendes Erlebnis nicht mehr Zeit vorhanden war. Und so mussten wir die Jungs mit ihren Pferden, die sie für einen Ausritt gesattelt und verschönert hatten, auf mögliche spätere Besuche vertrösten.

Haile - die erste Begegnung

Auf dem Fahrtweg zurück konnte ich meine Unruhe nur wenig unterdrücken. Ist er nun da oder nicht? Wir erfreuten uns zwar an der überraschend grünen und nicht, wie von vielen erwartet, ausgedörrten Landschaft, doch war unser Reiseziel vor allem der Mann, den man hier als "Heros" oder gar "Empore" titulierte. So beobachtete ich immer wieder Amanuel, wie er mit seinem Handy Hailes Zahlenkombination vergeblich drückte. Später erzählte mir Haile mal, was er sich ausdachte, um sich vor den unzähligen Anrufen zu schützten. Er zog die Namen und Nummern seiner wesentlichsten Freunde und Kontaktpersonen heraus und ließ nur die klingeln. Amanuel war zu diesem Zeitpunkt noch nicht unter diesen VIP's.

Woliso, auch Ghion benannt, liegt in der Gurage-Region, 115 km südwestlich von Addis Abeba. Die Stadt ist durch ihre Heilquellen ein Ausflugsziel geworden. Von Woliso aus kann der beeindruckende Wenchi-Krater besucht werden. Der Stamm der Gurage ist in Äthiopien anerkannt als ein Volk fleißiger Händler und Bauern.

Bild Seite 10: der Wenchi-Kratersee bei Woliso.

Schließlich hatte er, der ja einen Erfolg für seine erste Laufreisegruppe erringen wollte, eine gute Idee. Ihm fiel sein Onkel ein, der zu den Trainern der Athleten-Nationalmannschaft gehörte, Dr. Yilma Berta. Der hörte. "Doktor", Amanuel nannte den Onkel immer mit Titel, "kannst du uns helfen? Haile weiß, dass wir da sind, doch ist er da, und wenn ja, wo?" Der "Doktor" versprach sein Möglichstes zu tun.

Die Strecke wurde für mich immer länger, die Fragen der ungeduldigen Mitreisenden immer bohrender, ein Chefredakteur sah schon seine nächsten, bereits angekündigten Titelseiten ins Wasser der Spree fallen. Dann die erwartete Erlösung, sie kam in den Vororten von Addis Abeba. Haile war nicht nur da, er wartete im Alem Building, genauer gesagt, in einem Clubraum seines neuen Kino-Hochhauses auf uns. Diese Nachricht löste alle Spannung und begeisterten Beifall im Bus aus.

Wie begegnet man einem Helden? Mit Respekt und gebührendem Abstand? Derartige Fragen erübrigten sich sofort. Wäre das dunkle Gesicht des Haile Gebrselassie nicht gewesen, sein Lachen, das die großen weißen Zähne zeigte, wir hätten ihn übersehen können. Er stand plötzlich mitten unter uns, im roten Adidas-Trainingsanzug und gab jedem die Hand: "Welcome, how are you?" und bat uns Platz zu nehmen und erst einmal etwas zu trinken. "Ich freue mich sehr, dass ihr gekommen seid. Trotz unserer schwierigen Situation in diesen Tagen. Das ist schon etwas Besonderes." Und dann ergänzte er noch: "Bisher sind wir Äthiopier immer nach Deutschland gekommen. Jetzt seid ihr endlich bei uns. Glück-

wunsch. Kommt bitte immer wieder!"
Er setzte sich auf die Lehne eines der Clubsessel und schaute auf unsere Runde. Auch wenn diese sich sofort auflöste, weil sich alle sofort Autogramme auf Karten, Fotos, T-Shirts und anderswo sichern wollten (wer wusste schon, wie viel Zeit Haile hatte), ließ er sich doch seine nicht alltäglichen Besucher vorstellen. Ein wenig ungewöhnlich erschienen sie ihm schon. Da war Sigrid, die 1000 Marathons beendet hatte, Asta, die alle langen Strecken walkt, Eike, der als Student durch Äthiopien trampte, als Haile noch nicht geboren war, Gerd und Liesel, die von originell organisieren Läufen berichten konnten, Dieter-Max, der Marathons in den Hauptstädten der Welt sammelte, Wolfgang, der einen Stauseelauf im Vogtland organisiert. Die "Tausenderin" schien ihm besonders angetan zu sein, er hakte mehrmals nach, ob er das mit der Zahl nicht ganz richtig verstanden habe. (Jahre später fragte er mich immer wieder einmal, ob es diese Lady noch gäbe...) Dann lachte er wieder sein unverwechselbares herzliches Lachen und entschuldigte sich, dass er solch eine Bilanz nicht schaffen könne, aber laufen werde er ein ganzes Leben lang, "solange mich meine Beine tragen". Denn: "Laufen ist Leben, auch mein Leben."
Er weilte zuletzt in London. Beim dortigen Marathon, mit dem er vertraglich verbunden war, vermochte er auf Grund wieder auftretender Achillessehnenbeschwerden nur den Startschuss abfeuern. Doch war ihm nicht weit davon entfernt eine besondere Ehrung zuteil geworden. Ihn, den Nichtakademiker, zeichnete die Dubliner Universität mit dem Ehrendoktortitel eines Dr. jur. h.c. aus, die Verdienste des Haile Gebrselassie um sozialreformerische Projekte und die weltweiten Lauferfolge würdigend. Man verwies auf die Tatsache, dass er trotz seines erworbenen Reichtums im eigenen Lande blieb. Haile mit seinem trockenen Humor zum letzten Fakt: "Sie konnten nicht wissen, wie komfortabel mein Land ist. Äthiopien ist für mich das komfortabelste Land der Welt."

Addis Abeba: Mit 1800 bis 2500 m ist Addis Abeba („Neue Blume") die höchste Stadt Afrikas und dritthöchste der Welt. Sie wurde erst Ende des 19. Jahrhunderts von Kaiser Menelik zur Hauptstadt gekrönt. Die Durchschnittstemperatur beträgt 16 Grad. Die Einwohnerzahl steigt täglich und wird auf mehr als 5 Millionen geschätzt. Die Stadt ist voller Kontraste: Hochhäuser, breite grün bepflanzte Straßen, riesige Märkte, schöne Villen, gute Hotels aber auch eine große Anzahl von Wellblechhütten und traditionellen Steinhäusern.

Bild Seite 12: Haile erhielt dieses speziell angefertigte Abebe-Bikila-T-Shirt.

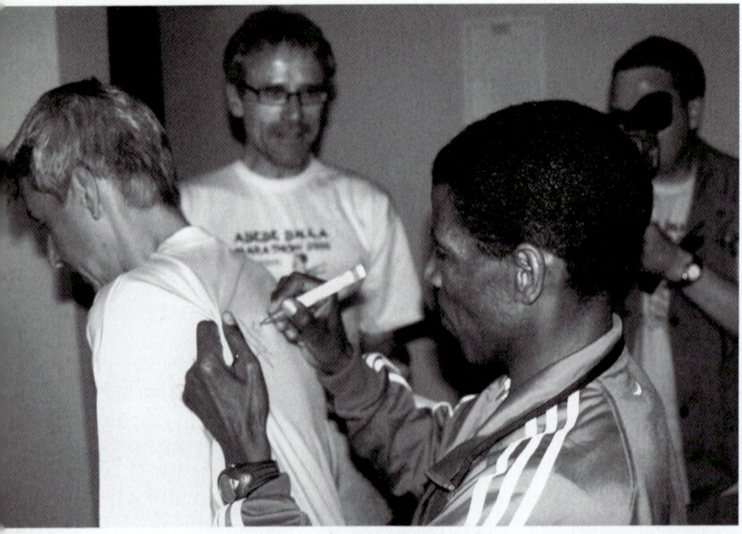

Für Haile bedeutete diese Zeit, in der wir ihn als erste deutsche Läufergruppe in seinem afrikanischen Hochland besuchten, einen läuferischen Umbruch. Nach seinen Olympiasiegen von Atlanta und Sydney und seinem fünften Platz in Athen wechselte er gerade mental und physisch von den 10.000 m der Bahn auf die 42,195 km der Marathondistanz. Nach einem durchaus gelungenen Versuch vor drei Jahren in England bereitete er sich nun auf den schnellen Kurs von Amsterdam vor. Unausweichlich natürlich die Frage nach Weltrekord und Siegen auf der längsten aller klassischen Laufstrecken. Hier erwies sich der nur 1,64 m große Mann mit dem typisch dichten schwarzen Haar und dem nie versiegenden charmanten Lächeln wieder als Taktiker. Er prophezeie nie Rekorde im Voraus, siegen wolle er aber immer. Und ein legendärer Landsmann wie Abebe Bikila, an dessen Memoriallauf seine deutschen Gäste teilnehmen werden, tauche in den Gedanken und Plänen schon mal auf.

Auf dem Wege zu einem gemeinsamen Erinnerungsfoto sorgte dann Haile gleich für zwei Überraschungen. Die erste, eine nicht erwartete mit Beifall bedachte Einladung: "Wenn ihr von eurer Exkursion aus dem Süden zurückkehrt, möchte ich euch alle in meinem Haus bewirten." Die zweite war eine Frage, mit vielen guten Wünschen für den bevorstehenden Marathon verbunden: "Wisst ihr, dass der erste Wettkampf in meinem Leben der Abebe-Bikila-Marathon war?" Und fügte noch hinzu: "Gern denke ich an den aber nicht zurück."

Hailes erstes Laufabenteuer

Wirklich, er erinnert sich nur, wenn man ihn danach ausdrücklich befragt. Eigentlich wollte er damals, sechzehnjährig, überhaupt nicht Marathon laufen. Er kannte zwar von den olympischen Radioberichten her die Länge dieses Wettkampfes, hatte aber noch nie annähernd diese Distanz zurückgelegt in der Oromo-Region, wo er lebte. Er hatte sich aus Asela, seinem Heimatort, nur deshalb in den Überlandbus nach Addis Abeba gesetzt, weil ihn seine älteren Brüder, die dort wohnten und für den Polizeiclub liefen, zu einem 15-km-Rennen animierten. Haile sparte sich eine Fahrkarte für 15 Birr, etwa 1,50 Euro, zusammen, eine Zahl von Scheinen, die er noch nie in seinen Händen gehalten hatte. Sein Vater war ungehalten über das Vorhaben seines Sohnes, das er als "unsinnig" und als "unnötigen Zeitvertreib" bezeichnete. Es gab sowieso viele Auseinandersetzungen zwischen Vater und Sohn, der unbedingt "Läufer" werden wollte. "Werde Anwalt, Lehrer oder Schreiner, Haile", drang der eingesessene Bauer und Besitzer großer Weide- und Getreideflächen immer wieder auf ihn ein, "wenn du schon nicht unsere Ländereien weiterführen willst." Nur - sein Drittältester war in äthiopischen Augen mit sechzehn selbst entscheidungsfähig.

Haile schaukelte in dem klapprigen Bus, der kaum einen Zeitplan kannte, stundenlang in mitten dicht gedrängt sitzender und stehender Männer und Frauen nach Addis Abeba. Zum ersten Mal erblickte er die riesige Fläche der Hauptstadt, deren Millionen man zwischen drei und fünf schätzt und die mit durchschnittlich 2400 m als höchstgelegene Metropole Afrikas gilt. "Ich war hin und her gerissen", erzählt Haile noch heute. "Einerseits überwältigten mich die alten prunkvollen Kaiserpaläste und Denkmäler, auch die ersten Hochhäuser und der ungewohnte Autoverkehr, doch andererseits schockierten mich die Bettler, Krüppel und die armseligen Hütten." Wo er herkam,

19. Juni 1988: Haile Gebrselassie, 16 Jahre alt, lief in Addis Abeba beim 4. Abebe-Bikila-Marathon 2:48 h ohne spezielle Vorbereitung und belegte Platz 99. Das war sein erster offizieller Wettkampf, noch ohne Zugehörigkeit zu einem Club.

Bild Seite 14: die erste deutsche Laufreisegruppe bei Haile.

da kannte man weder Strom noch Wasserhähne, bettelnde Kinder allerdings auch nicht. Nur gut, dass ihn Tekeye vom Busbahnhof abholte und ihn in seine Wohnung brachte. "Ich hätte mich niemals zurecht gefunden." Tekeye musste seinem jüngeren Bruder allerdings eine Hiobsbotschaft überbringen. Der 15-km-Lauf war kurzfristig ohne Begründung abgesagt worden. Haile war stocksauer.

Um ihn wieder aufzumuntern, erzählte Tekeye, dass am Sonntag ein Marathon zu Ehren des Doppelolympiasiegers Abebe Bikila stattfindet, der vierte dieser Art schon, bei dem er im Zentralstadion an den Start gehen würde. "Vielleicht versuchst du es einfach auch!"

Es wird erzählt, dass sich der kleine Gebrselassie am Tag vor dem Marathon die Strecke ansehen wollte und sich dabei in dem recht unübersichtlichen Straßennetz wie in einem Irrgarten hoffnungslos verfing. Der Name der Gasse, in der sein Bruder wohnte, war keinem bekannt. Schließlich suchte er sich einen Schlafplatz am Rande einer Straße, marschierte am Wettkampfmorgen recht zerschlagen zum Stadion, dem einzigen der Stadt, und wurde dort von seinem Bruder, der sich natürlich Sorgen und Vorwürfe machte, erleichtert begrüßt. Dann der Start für mehrere hundert Männer und Frauen. Haile mittendrin. "Ich hatte mich auf etwas eingelassen, dass ich nicht kannte. Ich hätte es lassen sollen. Bis Anfang 20 Kilometer lief es ja noch ganz gut durch die vielen Straßen, über Plätze, auf Bürgersteigen und sogar Treppen hinunter. Die vielen rufenden und klatschenden Leute an den Seiten waren ungewohnt für mich, spornten mich aber an. Wahrscheinlich lief ich gleich zu schnell, jedenfalls konnte ich schließlich nur noch mit aller Energie durchhalten. Ich fiel ins Ziel und erfuhr später, dass ich 99. wurde." Tekeye, der für den zweiten Platz auf die Siegertreppe steigen durfte und einen Briefumschlag mit einem kleinen Geldbetrag erhielt, brachte sein Brüderchen, das es mit geschwollenen Füßen selbst kaum schaffte, wieder zum Bus, der ihn nach Asela heimführte. "Ich war fix und fertig nach diesem Marathon. Ich hatte eine Woche lang Schmerzen, lag Tage lang im Bett und konnte nicht arbeiten. Nie wieder Marathon!"

Der Mann, der barfuss Gold gewann

Sechzehn Jahre nach diesem Einstand von Haile Gebrselassie machten sich nun fast zwei Dutzend deutsche Hobbyläufer auf, den 21. Abebe-Bikila-Marathon zu bewältigen. Doch bevor sie sich unter die afrikanische Elite mischten, suchten sie das Grab des Urvaters, des Begründers aller afrikanischer Laufgeschichte auf, das von Abebe Bikila. Seine letzte Ruhestätte fand der zweimalige Marathon-Olympiasieger auf dem Friedhof der St-Josephs-Kirche von Addis Abeba. Wir fanden sie problemlos, obwohl sich die von schmiedeeisernen Zäunen umgebenen Familiengräbern eng an eng reihen. Abebe Bikila ist schon von weitem zu entdecken, er scheint zu winken, doch beim näheren Herankommen sieht man, dass der Steinmetz den drahtigen Läufer im Moment des Sieges von Rom zum ewigen Denkmal gehauen hat. Um dieses herum dicke Ketten, die von den olympischen Ringen dekorativ unterbrochen sind. Wir überstiegen diese vorsichtig und legten einen grünen Kranz nieder, auf dessen Schleifen dieser Satz geschrieben stand: "Unser Gedenken der Marathonlegende Abebe Bikila." Zahlreiche Friedhofsbesucher machten sich gegenseitig auf die ungewöhnliche Schar weißer Männer und Frauen aufmerksam, die allesamt mit gelben T-Shirts kondolierten, auf denen das Bild jenes unvergessenen Äthiopiers unübersehbar zu erkennen war.

Abebe Bikila: Geboren am 7. August 1932 in Jato, gestorben am 25. Oktober 1973 in Addis Abeba. Erster afrikanischer Olympiasieger. Gold bei den Olympischen Spielen 1960 in Rom (2:15:16) und 1964 in Tokio (2:12:11). 1968 in Mexiko wegen Knieverletzung ausgeschieden. Bestritt 26 Marathonläufe. Bestzeit über 10.000 m: 29:00,8 (1962 in Berlin). Herbst 1968 Autounfall, querschnittsgelähmt, nahm noch an Schlittenrennen in Norwegen und an den Weltspielen der Behinderten im Bogenschießen teil.

Bild Seite 16: Szene vom Abebe-Bikila-Marathon 2005

Die Geschichte des Abebe Bikila ist legendär. Er wuchs in einer Zeit auf, als die Italiener versuchten, das damalige Abessinien zu erobern. Noch heute sind die Äthiopier stolz darauf, dass es keiner Macht gelang, ihr afrikanisches Land zu kolonialisieren. Abebe lebte in der Oromo-Region, aus der übrigens später eine Vielzahl von bekannten Laufstars kommen sollte. Sein Tagesablauf unterschied sich anfangs nicht von anderen Dorfkindern: Rinder und Ziegen hüten, Getreide dreschen, Wasser tragen. Später wurde ihm der Besuch einer Kirchenschule ermöglicht, was ihn von vielen Gleichaltrigen abhob. Denn hier lernte er lesen und schreiben. Wie er von dort Soldat und dann sogar Leibwächter des nach der Vertreibung der italienischen Invasoren aus dem Exil zurückgekehrten Kaisers Haile Selassie wurde, muss recht abenteuerlich gewesen sein. Als Sechzehnjähriger soll er mit einem Empfehlungsschreiben quer durch Äthiopien zur kaiserlichen Garde marschiert sein. Dort angenommen, genoss er bald manches Privileg, so auch das: Filme sehen im Kinosaal des Kaisers. Als er auf einem dieser flimmernden Streifen den Einzug der ersten äthiopischen Olympiamannschaft ins Melbourner Stadion von 1956 miterlebte, war er so begeistert, dass er trainierte und sich zu den Armeemeisterschaften meldete. Dort wurde Onni Niskanen auf ihn aufmerksam, ein schwedischer Trainer, in Finnland geboren, der sich seit 1947 um den Aufbau der äthiopischen Leichtathletik bemühte. Er stieg mit seinen Schützlingen schon damals aus dem 2400-m-Land von Addis Abeba zu den bis 600 m höheren Entoto-Hügeln hinauf, um den Vorteil sauerstoffreicheren Blutes zu nutzen. So kombinierte er Bahntraining im einzigen Stadion mit Landschaftsläufen bis zu 25, 30 Kilometern.

Die Vorbereitung auf die Sommerspiele von Rom erscheint im Nachhinein fast unglaublich. Abebe Bikila lief zweimal 32 km in der Woche vor dem ersten Marathon seines Lebens, den beendete er in überraschenden 2:21:23 Stunden (in Addis Abebas Höhe!) und stellte sich nur einen Monat später dem Olympiawettkampf in der "ewigen Stadt". Dort war er, einer der wenigen Teilnehmer unter der grüngelbroten Flagge Ethiopias, damals noch mit dem Löwen Selassies in der Mitte, völlig unbekannt. Der hagere Mann fiel wegen seiner tiefschwarzen Hautfarbe auf, mehr aber noch wegen einer unfassbaren Tatsache: Er trug keine Schuhe. Abebe besaß zwar welche, doch hatten die dem Training in Rom nicht mehr standgehalten. So entschied er sich, lieber barfuss zu rennen, als das Risiko mit nagelneuen Laufschuhen einzugehen. Zumal er sich barfüßig sicher fühlte, er hatte ja bereits jenen ersten Marathon schuhlos bewältigt.

Bei glühend heißen Temperaturen, noch um halb sechs Uhr abends, wurden die 69 Bewerber auf die 42,195 km geschickt. Trotzdem war auch das Anfangstempo mörderisch. Die hoch gehandelten Favoriten hielten sich zurück, der Marokkaner Rhadi Ben Abdesselem und Abebe Bikila nicht. Ab Kilometer 20 hatten sie alle Konkurrenten abgehangen, bei Kilometer 41 ließ im Scheinwerferlicht der Begleitfahrzeuge der Äthiopier seinem marokkanischen Begleiter mit einem Blitzzwischenspurt keine Chance. 2:15:16,2 - Weltbestzeit! Die Reporter zeigten sich fassungslos. Keiner kannte den barfuss rennenden Mann aus Afrika, und alle Interviews mit ihm erwiesen sich als schwierig, er sprach Amharisch. Die Parabel aber war gegeben: Im Olympiajahr 1936 zog Italien aus, Äthiopien zu erobern, 24 Jahre später eroberte ein Äthiopier Rom…

Abebe Bikila und Mamo Wolde sind auf dem Friedhof der St.-Josephs-Kirche in Addis Abeba beigesetzt worden.

Bild Seite 18: Abebe Bikila wurde der erste afrikanische Olympiasieger 1960 in Rom

Vier Jahre nach Rom machte Abebe, nun in besten Laufschuhen und weißen Laufsocken, einen Triumph perfekt, den später nur noch der Deutsche Waldemar Cierpinski erreichte. Er wurde zum zweiten Mal Marathon-Olympiasieger, und das in Tokio trotz einer Blinddarmoperation, der er sich drei Wochen zuvor unterziehen musste. Kaum einer hatte da an eine Goldmedaille geglaubt. Und wie er diese unangefochten gewann, wieder in Rekordzeit! Der Marathonsieg schien ihm, so konnte man damals den Fernsehbildern entnehmen, sogar nicht alle Kraft gekostet zu haben. Gleich nach dem Zieleinlauf ließ er sich auf dem Rasen nieder - nicht um auszuruhen, sondern ausgiebig einige seiner gewohnten gymnastische Übungen zu demonstrieren.

Die Tragödien zweier Triumphatoren

Im olympischen Mexiko 1968 versuchte es Abebe Bikila noch einmal. Trotz einer Knochenhautentzündung ging er, übrigens im kaiserlichen Rang eines Korporals, an den Marathonstart, ohne sich irgendwelche Chancen auszurechnen. Tags zuvor hatte er auf seinen Landsmann Mamo Wolde eingeredet: "Du weißt, ich werde nicht gewinnen. Doch du kannst und sollst es tun. Ich werde dich auf den ersten Kilometern unterstützen." Wolde war olympiaerfahren. So stand er bereits in der ersten äthiopischen Olympiamannschaft, damals 1956, noch als Mittelstreckler, über hintere Ränge nicht hinauskommend. Nun, nach 12 Jahren, sah die Laufwelt schon anders aus. Über 10.000 m kam er bereits auf eine silberne Medaille und fieberte förmlich der längsten Laufdistanz entgegen. 15 Kilometer lang hielt Abebe Bikila bei seinem dritten Olympiaauftritt mit, dann gab er auf. Mamo Wolde aber wurde unangefochten der Triumphator von Mexiko. Die spektakuläre äthiopische Marathon-Siegesserie riss somit nicht ab.

Fünf Monate danach kam es unterhalb der Entoto-Hügel, auf der Trainingsstraße nach Sheno, zu einem Verkehrsunfall. Alle Versuche, diesen exakt nachzuvollziehen, sind bis heute auf der Strecke geblieben. Keiner, auch Haile Gebrselassie nicht, weiß, ob der Held von Rom und Tokio angefahren wurde oder selbst in einem Auto verunglückte. Auch dieser hat sich nie ausführlich dazu geäußert, vielleicht konnte oder wollte er es nicht. Nun nahm die Tragödie ihren Lauf. Gerade noch dem Tod entkommen, fesselte ihn trotz Operation und neunmonatiger therapeutischer Behandlung eine Querschnittslähmung an den Rollstuhl. Er starb 41jährig im Jahre 1973, nachdem er noch Ehrengast bei den Olympischen Spielen in München war und bei Weltspielen der Behinderten im Bogenschießen Neunter wurde. Er hinterließ vier Kinder.

Mamo Wolde spielte noch einige Jahre lang eine olympische Rolle. Kaiser Haile Selassie empfing den frisch gekürten Olympiasieger von Mexiko, der ebenfalls zu seiner Leibgarde gehörte, und beförderte ihn zum Hauptmann. Ob er auch für ihn zum Empfang, wie einst bei Abebe Bikila, seinen Lieblingslöwen als besondere Anerkennung aus dem Privatzoo holte, ist nicht bekannt. In München unterbrach der Amerikaner Frank Shorter zwar die Siegesserie der Äthiopier, doch dem bereits 40jährigen Mamo Wolde gelang es noch einmal, unter die Marathon-Medaillengewinner zu laufen - Bronze.

Mamo Wolde Geboren am 12. Juni 1932 in Diri Jille, gestorben am 26. Mai 2002 in Addis Abeba. Er startete bei vier Olympischen Spielen: 1956 Melbourne: 800 m,1500 m, 4x400 m (ohne Medaillen), 1964 Tokio: Vierter über 10.000 m (28:31,8), im Marathon ausgeschieden, 1968 in Mexiko: Gold Marathon (2:20:26,4), Silber 10.000 m (29:28,0), 1972 München: Bronze Marathon (2:15,08).

Bilder Seite 20: Mamo Wolde und Abebe Bikila

Danach geriet er mehr und mehr in das Räderwerk von drei politischen Systemen. Der Kaiser wurde entthront, die Leibwächter nach Hause geschickt, doch der neue Mann, Oberst Mengistu Haile Mariam, erinnerte sich sehr schnell an die Sportstars des ostafrikanischen Hochlandes. Der oft dekorierte Olympiakämpfer Wolde entzog sich nicht dem lukrativen Angebot, in den Reihen der Revolutionsregierung weiter zu arbeiten. Auch in Uniform. In dieser geriet er in eine Auseinandersetzung mit rebellierenden Jugendlichen, wobei nach Schusswechseln ein Sechzehnjähriger getötet wurde. Der genaue Ablauf in jener Bar von Addis Abeba ist nie genau aufgeklärt worden. Als Anfang der neunziger Jahre Mengistu vertrieben wurde und eine Übergangsregierung unter Meles Zenawi die Regentschaft übernahm, wurde der Olympiasieger wegen jenes Vorfalls an den Pranger gestellt und 1993 inhaftiert. Erst neun Jahre später erhielt er einen Gerichtsbescheid, der ihm eine sechsjährige Haftstrafe mitteilte, und wurde entlassen. Mamo Wolde starb noch im gleichen Jahr an Leberkrebs - ein gebrochener Mann, dessen Familie lange unter diesem tragischen Ende litt.

Als wir uns auf dem Zentralfriedhof vom Denkmal des Abebe Bikila entfernten, machte mich ein kundiger Begleiter unserer Laufreisegruppe auf eine nahe gelegene Grabstelle aufmerksam, die für jenen Mamo Wolde eingerichtet war. Er hatte selbst im olympischen Marathonwettkampf von Mexiko City gekämpft und dort einen beachtlichen siebzehnten Platz belegt: Manfred Steffny. Mamos Ruhestätte erschien weniger auffällig und weniger beachtet. "Vielleicht hätten wir ihn an seiner letzten Ruhestätte auch mit einer Schleife ehren sollen."

Der Abebe-Bikila-Marathon - ein ungewöhnliches Erlebnis

Der Marathon zu Ehren des "Urvaters" aller Läufer Äthiopiens hatte schon Tradition. Im Jahre unseres Besuchs wurde bereits die 21 auf das Startbanner gemalt. Allerdings, so stellte sich heraus, erwies er sich als ein Königskuchen, für den viele neue Rosinen gesucht wurden. Suche nach Nachfolgern für Haile, Tulu & Co. Dazu einige Garnituren von den Nachbarn, Kenia, Urgundi zum Beispiel. Eigentlich waren wir, die Hobbyläufer aus Mitteleuropa, nur Beiwerk, doch, da solche noch nie zum Abebe-Bikila-Marathon auftauchten, ein exotisches. Cheftrainer Dr. Woldemeskel Kostre, mit der bekannten Gehhilfe, begrüßte uns genauso freundlich wie andere Coaches, die gern daran erinnerten, dass sie in Leipzig oder Köln studierten. Nur der Generalsekretär fragte leise an, wie viel Mehrzeit für seine Zeitnehmer wohl in Frage stände. Bereits in der Vorbereitung auf diese unsere Premiere hatten wir, nicht zuletzt der ungewohnten Höhe von 2400 m und mehr wegen, die ausrichtende Ethiopian Athletics Federation gebeten, auch Halbmarathon und 10 km zu stoppen, was für diese ein Novum bedeutete und nur nach vielen Verhandlungen von unserem Freund Amanuel erreicht werden konnte.

Der Start verzögerte sich. Das lag nicht an afrikanischem Zeitgefühl, sondern war dem Umstand zuzusprechen, dass die "Neue Blume" Addis Abeba an diesem Sonntag noch nicht aufgeblüht war. Die Streiks warfen ihre Schatten immer noch auf die Hauptstadt. So schmissen keine Busfahrer und nur wenige Taxis ihre Motoren an, wodurch weniger Läufer aus den Randgebieten ins zentrale Stadion gelangten. Die Veranstalter schickten darauf die erste Gruppe mit gut 30 Minuten, die zweite mit fast einer Stunde Verspätung in die Innenstadt. Mit den etwa 150 Frauen, durchweg kleine schlanke Mädchen Mitte 20, konnten die Senioren anlaufen, "ab 45", wie vermerkt

Bild Seite 22: Das Grab von Abebe Bikila, an dem deutsche Marathonläufer einen Kranz niederlegten.

SAMSUNG
22th INTERNATIONAL ABABA BIKILA MARAT

wurde. Bei den Dunkelhäutigen dürfte keiner die "50" überschritten haben, dort, wo bei den meisten Weißen ihr Alter erst begann. Somit lagen die deutschen Laufreisenden bereits am Meskel Square, gleich hinter dem Stadion, am Ende der Running-Schlange. Die wenigen Zuschauer, die nach den Turbulenzen der letzten Tage an den Straßenrändern standen, hatten viel Sympathie für die hinterherlaufenden Fremden, den "Ferendschis". In solch einem Alter noch so fit zu sein, schätzen Äthiopier, deren durchschnittliche Lebenserwartung mit Ende Vierzig angegeben wird. Doch während der vordere Frauen-Pulk sicher von begleitenden Polizeifahrzeugen abgeschirmt war, hatten wir nicht nur mit der ungewohnten Höhenlage, sondern auch bald gegen Auspuffgase und fehlende Streckenschilder zu kämpfen. Doch alle liefen durch. An Haile Gebrselassies Hochhäusern ebenso vorbei wie an Blechhütten, Obst- und Gemüsemärkten, auch manchmal einige Eselskarren umkurvend. Die Straßen, unter ihnen die hohe Ring Road, waren durchweg in einwandfreiem Zustand, die Anstiege machten den Höhenlauf noch anstrengender. Wohl jeder fragte sich unterwegs: Wie würde der kaum zu bändigende Verkehr an einem streikfreien Sonntag aussehen? Getränke, Bananen? Dank der äthiopischen Reiseagentur und ihren Begleitfahrzeugen fehlte es an nichts. Einer hatte ein besonderes Erlebnis. Ab einer Wasserstelle begleiteten ihn zwei junge Zuschauer laufend über viele Kilometer, trugen seine Plastikflaschen und wiesen ihm in den winkligen Gassen der Gola Sefer-Innenstadt immer wieder den richtigen Weg.

Stürmischen Applaus erhielten vor allem die Halbmarathonläufer, sie bogen zum Teil mit den äthiopischen Marathonmännern in die Stadionrunde ein. Die Traversen füllten sich immer weiter, was, wie sich herausstellte, vor allem einem bevorstehenden Fußballspiel zu verdanken war. Den größten Beifall spendeten die Fußballfans unserer Letzten, die die 42,195 Kilometer bis zu Ende gewalkt hatte und einsam, aber winkend auf die Zielgerade marschierte. Für sie allerdings

21. Abebe-Bikila-Marathon, 12. Juni 2005, Addis Abeba, ca. 150 Frauen und Senioren (+45) sowie 450 Männer aus afrikanischen Ländern, dazu erstmals 15 deutsche Läufer. 2000 bis 2300 m Höhe, 25 Grad. Sieger: Josef Nideti (Kenia) 2:21:22 und Worknesh Tola (Äth) 2:54:08; bester Deutscher: Dieter-Max Elster 4:13:10.

Bild Seite 24: Der Start zum "22." im Jahre 2006.

stoppte kein Helfer des Organisations-Teams die gewanderte Zeit. Doch - Freund Amanuel hatte sich eine Stoppuhr besorgt.
Mehr als 300 Einheimische, fast durchweg in Laufschuhen, stellten sich der Marathonherausforderung und den kritischen Blicken der Spitzentrainer. Diese standen am Ziel und notierten. Bei 2:50 Stunden steckten sie ihre Uhren ein. Das genügte ihnen, etwa 100 Männer waren registriert. Die Schnellsten von ihnen wurden mit Fanfarenstößen und Geldscheinen geehrt. Wer aber wird von ihnen einmal in Hailes Spuren eilen? Die Anerkennung gegenüber den deutschen Athleten, die mit ihrer Teilnahme eine Art Premiere im Land der Läufer feierten, war unübersehbar. Alle wurden zum Abschlussbankett eingeladen, das eigentlich nur für die Medaillengewinner aufgebaut wurde. Der Org.-Chef hielt eine nette Rede, in der er für künftige europäische Besuche warb und kündigte eine besondere Überraschung an. Für jeden der Läuferinnen und Läufer aus Deutschland würde ein grüngelbroter Adidas-Trainingsanzug mit dem Schriftzug "Ethiopia" vorbereitet. Wir ließen unsere neu gewonnenen Freunde hochleben und versprachen jedenfalls ein Wiederkommen.
An jenem Sonntagabend rief Haile in unserem Hotel an und erkundigte sich nach unseren Marathon-Nachwehen. "Bis Donnerstagabend dann also", als wir ihm unsere Zufriedenheit zu verstehen gaben. "I'm happy to meet you again. Welcome you!"

Die Reise in den grünen Süden

Haile Gebrselassie schwärmte vom Süden des äthiopischen Hochlandes. In Awasa wuchs sein erstes Vier-Sterne-Hotel heran, mitten im berühmten Großen Grabenbruch, dem Rift Valley, das sich auf seinen 6000 Kilometern auch quer durch Äthiopien zieht. Amanuel hatte diese atemberaubende Landschaft bereits in unsere Reiseroute einbezogen. Und so tuckerten wir im Kleinbus zum Lake Langano, einem der vielen Seen nahe der Nationalparks. Die 220 Kilometer dorthin kamen uns auf den teils unbefestigten Pisten fast doppelt soviel vor, waren aber mit Sehenswürdigkeiten aufgelockert. So bewunderten wir erstmals eine Felsenkirche in Aladi Maryam, "eine kleine", wie Führer Andy betonte und sofort anmerkte, dass wir unbedingt mal nach Lalibela in den Norden müssten, wo gleich ein Dutzend und mehr wie eine Kette aneinandergereiht worden waren. Diese Kirchen sind gleichsam Symbole der langen christlichen Geschichte des äthiopischen Volkes, Heiligtümer vor mehr als 700 Jahren in die felsigen Gründe geschlagen. Noch heute überwiegt im 70-Millionen-Land mit seinen etwa 80 Nationalitäten die christlich-orthodoxe Religion, doch ist der Islam dabei, gleichzuziehen. Von der vielfältigen Kultur der Vergangenheit imponierten uns unterwegs noch fünf Meter hohe Stelen und Gräber, wie wir sie so bunt noch nie gesehen hatten. Auf ihnen schauten uns Löwen, Affen und dichtbärtige Menschenköpfe an, auch Waffen wurden präsentiert.

Der badefreundliche Langano-See mit seiner Bungalowsiedlung kann nur wärmstens empfohlen werden, wie auch andere Lodges und einfache, aber saubere Touristenhütten. Im südlichen Arba Minch, an der Fernstraße nach Kenia, konnten wir uns vom Bekele Mola Hotel aus nicht satt sehen an den faszinierenden Ausblicken auf die tief gelagerten Seen Abaya und Chamo. Durch den letztgenannten wagten wir uns auf einem

Jeder deutsche Premierenläufer beim Abebe-Bikila-Marathon freute sich, seine Strecke in dieser Höhe bewältigt zu haben. Die Siegerehrungen der Afrikaner waren zu diesem Zeitpunkt bereits beendet.

Bild Seite 26: Hier Wolfgang Mennig aus Eibenstock, der von äthiopischen Folklore-Tänzern begrüßt wird.

für Touristen hergerichteten Boot, sogar überdacht, das nur einen Mangel hatte, dass sein Motor in regelmäßigen Abständen verstummte. So hatten wir schaukelnd genügend Muße, nicht nur Pelikane, Fischadler und Reiher scharenweise zu beobachten, sondern auch einigen Nilpferden und Krokodilen recht nahe zu kommen. Ein weiteres Abenteuer.

Noch nachhaltiger blieb wohl der Besuch auf jenem Berg oberhalb der "40 Quellen" - so der Name Arba Minch -, wo das Urvolk der Dorze, nicht mehr kriegerisch wie einst, zu finden ist. In ärmlichen Wohnverhältnissen, sich inzwischen auch auf europäische Besucher freuend, die sie mit akrobatischen Tänzen begrüßen und denen sie bunt gestrickte Mützen oder eine Kaffeezeremonie anpreisen. Tag für Tag werden die Frauen und Mädchen des Stammes ins Tal, in die Stadt, geschickt. Mit meterlangen Bambusstangen, die mittels zweier Seile an den Schultern zusammengehalten werden. 15 Kilometer hinunter mit etwa

30 Kilogramm Gewicht, um dann mit 20 Birr (2 Euro) wieder die gleiche Streckenlänge in die oberen Dörfer zu bewältigen. Und das Unfassbare für uns: immer mit einem Lächeln in den Gesichtern.

Die Rückfahrt nach Addis Abeba brachte uns den grünen Süden und die freundlichen Bewohner vieler Gebiete nahe, gleich ob in Sidamo, in Bale oder Arsi. Am interessantesten war es immer abseits der Fernverkehrsstraße. So zum Beispiel in einem Dorf, ich habe leider den Namen nicht notiert, wo wir für eine Kaffeerunde alle Plastikstühle eines Straßencafés aneinanderrückten. Da lief das ganze Dorf zusammen, um die Weißen aus einer anderen Welt zu betrachten und ihnen lautstark zuzuwinken. Unsere gelben T-Shirts erwiesen sich bald überall als beste Eintritts- und Visitenkarten. Die Aufschrift "Abebe Bikila Marathon 2005" konnte zwar keiner entziffern, doch kannte jeder den Helden von Rom und Tokio. Und dann löste immer noch ein weiteres Wort viel Verstehen aus: "Haile Gebrselassie". Da gab es Händegeschüttel und auch laute Begeisterung. Wir waren längst eingetaucht in Hailes Welt.

Immer wieder fielen uns auf der Rückfahrt die vielen Männer und Frauen auf, die kilometerweit über die Landwege gingen. Mit Wasserkanistern und Holzbündeln auf den Rücken oder Tierherden vor sich her treibend. Schulkinder trugen ihre Hefte in der Hand. Auf diese machte uns Andy aufmerksam. "Sie laufen an den Wochentagen meist 10 bis 15 Kilometer zum Unterricht und natürlich dieselbe Strecke zurück. Viele werden oft dieses Aufwandes wegen von den Eltern nicht zur Schule, sondern auf das Feld geschickt." Wie ist dieses Problem zu lösen? Andy: "Indem die Wege durch neue Schulbauten halbiert werden, denke ich." Nun kam es in unserer Reisebusbesatzung zu vielfältigen Überlegungen. Längst war begriffen worden, dass Süßigkeiten in Äthiopien (noch) verpönt sind (Andy: "Wir legen viel Wert auf gesunde Zähne!"), Kleidung zu verteilen nur ein kurzfristiges Hilfsmittel bedeuten kann ("Da erwartet man, dass ihr immer wieder mit Sachen kommt"). So kamen die deutschen

Eine interessante Südroute: Addis Abeba, Adadi Maryam (Felsenkirche), Tiya und Silte (Stelenfelder), Langano-See (Baden möglich), Abyata Shala Nationalpark (Strauße, heiße Quellen), Sasheme (Rastas aus Jamaika), Awasa (Fischmarkt), Arba Minch (Krokodilmarkt, Chamosee mit Nilpferden, Krokodilen), Chencha (Zentrum der „Dorze People", folkloristische Baumwollwebereien).

Laufreisenden zwischen Sashemene und Debre Zeit auf die Idee, in Äthiopien, dort, wo es besonders nötig wäre, eine Dorfschule zu bauen. Mit den Spenden von Marathonläufern. Und das wollten wir als ein Ergebnis unserer ersten Äthiopienreise dem Mann mitteilen, der bekanntlich nicht nur Wunder lief, sondern auch für Wunder sorgte - Haile Gebrselassie. Ein Höhepunkt stand uns vor dem Abflug noch bevor.

Zu Hause bei Haile

Wir fanden sein Haus nicht auf Anhieb. Keiner unserer äthiopischen Betreuer hatte bisher das Glück, von Haile eingeladen zu werden. Die Richtung, der Osten vor Addis, war klar. Als es hügelauf ging, fragten wir nach. "Haile? Na, da drüben!" Trotzdem gerieten wir schließlich nur an das eiserne Tor des Hintereinganges, an dem wir uns stark klopfend bemerkbar machten. Als der Torwächter das bemerkte, war auch Haile schon da, diesmal im hellgrauen dreigestreiften Trainingsanzug, lachend über unseren Umweg in sein Domizil. "Normalerweise kommen meine Gäste immer von vorn" und setzte noch hinzu: "Na, ihr seid eben doch etwas Besonderes." Er ließ es sich nicht nehmen, jedem einzelnen von uns die Hand zu geben und willkommen zu heißen. Nach altäthiopischer Art meist, wo die linke Hand die eigene rechte festhält, ein Brauch, der uns so erklärt wurde: In den früheren kriegerischen Zeiten bekundete der Begrüßende damit, dass er unbewaffnet sei. Haile schenkte uns freundlich und friedlich zur Ankunft selbst ein Getränk

nach Wunsch ein: Wasser, Wein, Bier, auch Cola.
Die Gebrselassie-Villa hoch über der Metropole Addis Abeba kann durchaus mit der Residenz eines Botschafters verglichen werden. Der "Jahrhundertläufer" braucht kein Hehl daraus zu machen, dass er mit seinen Siegen und Rekorden einige Millionen verdiente. Er hat sie vor allem in soziale Projekte, Häuser, Handel gesteckt und seinen Geschwistern und dem Vater unter die Arme gegriffen. Es gibt kaum einen unter den 65 bis 70 Millionen Äthiopiern, viele zu den Ärmsten der Welt zählend, der ihm den erlaufenden Reichtum missgönnt. Haile ist einer von ihnen geblieben. Und fragt man nach ihren Hoffnungen, ihn in der Zukunft betreffend, berichten sie nicht nur von seinen Weltmeister- und Olympiatiteln, sondern auch von ihren Wünschen, dass sie ihn gern zu ihrem Landespräsidenten küren möchten. Empore Haile Gebrselassie.
Haile stellte uns seine drei Töchter vor und dazu Alem, die Ehefrau und Geschäftspartnerin. Dann führte er uns durch seine prächtig eingerichteten Räume: kunstvolle antike Sitzmöbel, lederbezogen, Kissen mit dem Löwensymbol Haile Selassies, schwere helle Vorhänge, die jedoch einen fantastischen Ausblick auf die tiefer gelegene Heimatstadt Addis Abeba ermöglichen, orientalisch geprägte Teppiche und ein riesiger Standfernseher, der im Gegensatz zu Haile wohl rund um die Uhr läuft. Eine Wendeltreppe schlängelte sich zu den Schlaf- und Gästezimmern. Hohe und zugleich breite Glasvitrinen beherbergten unzählige Pokale, Vasen, Figuren, Bilder und Medaillen. Eine fehlte, die goldene von Atlanta, die erste olympische Siegermedaille. Die hat er der Kidame-Mirete-Kirche gestiftet, einer Pilgerstätte am "Entoto", die auch oft Treff und Ausgangspunkt für das Training der Spitzenathleten war.
Ein paar Stufen ging es noch hinunter, wo Haile die Arme ausbreitete: "Hier werde ich einmal alle Trophäen und Geschenke unterbringen, chronologisch geordnet." Einer der Gäste unterbrach ihn mit einer neugierigen, aber nicht uninteressanten Zwischenfrage: "Wie lange denkst du noch zu sammeln?"

Die Familie von Haile Gebrselassie wohnt im östlichen Randgebiet von Addis Abeba und besteht (Stand 2008) aus Haile, seiner Ehefrau Alem (geboren am 13.04.1974) sowie den drei Töchtern Eden (18.05.1998), Melat (04.02.2000), Betty (04.02.2002) und Sohn Naty (15.09.2005).

Bild Seite 30: Haile staunt über ein besonderes Geschenk: Handschuhe mit dem Autogramm des Doppel-Olympiasiegers Waldemar Cierpinski.

Darauf Haile salomonisch und mit dem berühmten Lachen: "Solange ich laufen kann. Und ihr sollt wissen, ich laufe auch noch mit 66". Sagt es mit einem Blick auf einige Umstehenden.
In der Küche war ein echt äthiopisches Büfett für uns aufgebaut. Für Fremde ist die Esskultur in diesem altafrikanischen Lande vielleicht etwas gewöhnungsbedürftig, für uns, die gerade eine Entdeckungsfahrt durch einen Teil Äthiopiens beendet hatten, war sie zu bewältigen. So wird aus gutem Grund auf Messer und Gabel verzichtet, um die scharf gewürzten Schmorfleischstücke ("Wot") in den verschiedensten Saucen zu genießen. Hierfür wird die "Injera" genommen, ein kuchenartiges flaches Brot aus einheimischem Getreide ("Teff"), wohl aber auch aus Hirse und Gerste und Wasser hergestellt. "Gut für Läufer", sagte Haile, und Eden, die älteste Tochter, ergänzte: "Und macht stark". Worauf sie versuchte, einen Oberarmmuskel anzuspannen. Die weichen Fladen schmecken säuerlich und werden in mundgerechte Stücke gerissen, mit denen die Fleischstückchen umwickelt und dann in den Mund geschoben werden. Oft wird für eine Abendgesellschaft ein

großer bunter Korb ("Mesob") serviert, auf denen der Gastgeber riesengroße Injera-Fladen anrichtet. Vor und nach dem Essen sind die Hände zu waschen. Üblich ist auch, dass der Hausherr einen besonders appetitlichen Bissen einem Gast als Zeichen von Respekt oder Freundschaft ("Gursha") in den Mund steckt. Haile ließ das in seiner abendlichen Hausrunde aus, wahrscheinlich waren wir zuviel.

Dafür ergaben sich Gesprächsrunden, die sich um das Laufen und Leben in Äthiopien drehten. Wir schilderten die Schwierigkeiten für europäische Hobbyläufer, an einem durchweg hochkarätigen Abebe-Bikila-Marathon teilzunehmen, regten an, den "Great Ethiopian Run", für den Haile die Schirmherrschaft übernommen hat, möglichst zu erweitern. Denn 10 Kilometer, die erfreulicherweise in Addis Abeba alljährlich Ende November Tausende auf die Bole Road bringen, können verständlicherweise kaum Europäer veranlassen, in die Mitte Afrikas zu fliegen. Braucht das Land der Läufer vielleicht einen eigenen "Ethiopia Marathon", angereichert mit kleineren Distanzen?

Solche Überlegungen blieben natürlich erst einmal im Hause Hailes stehen. Weniger dagegen das Vorhaben, das auf der Heimfahrt aus dem Süden geboren und von dem ebenfalls dem Gastgeber berichtet wurde. Eine Schule für Äthiopien. Haile war überrascht und sofort von unserer Idee angetan. Und schlug selbst einen Namen für das künftige Projekt vor, das irgendwo im Hochland entstehen sollte: "Nennt die Schule ‚Marathon', denn ihr seid diejenigen, die sie bauen wollen."

Als wir uns des Rückfluges nach Deutschland wegen verabschieden mussten, traten wir noch gemeinsam auf die Terrasse des Haile-Hauses. Unten funkelten die Lichter der quirligen Millionenstadt Addis Abeba. Beinahe wäre in all diesem Trubel und bei dieser besonderen Stimmung vergessen worden, dem Zehnkilometer-Doppelolympiasieger ein besonderes Souvenir zu übergeben - ein paar dünne Laufhandschuhe mit dem Autogramm des Doppelolympiasiegers im Marathon, Walde-

Speisen werden auf einer großen Platte oder einem Korbtisch angerichtet und traditionell gemeinsam ohne Besteck mit einem weichen Fladenbrot, Fleisch und vielen scharfen Soßen verzehrt. An Fastentagen (Mittwoch, Freitag) wird fleischlos gegessen. Kaffee zum Abschluss ist ein „Muss". Vor und nach dem Essen werden die Hände, meist in gereichten Schüsseln, gewaschen.

Bilder Seite 32: zu Gast bei Haile.

mar Cierpinski. Haile lachte wieder in seiner charmanten Art und kommentierte schlagfertig: "Ich nehme an, ihr habt gewusst, dass es auf den 3000 m hohen Hügeln kalt sein kann. Da werde ich sie gut gebrauchen." Was den Wink mit der Nachfolge eines Cierpinski oder Abebe Bikila betreffe, da möchte er sich zurzeit nicht äußern.
Dehnahun - auf Wiedersehen, Haile. Du und Äthiopien, ihr seht uns wieder!

REISEZEIT Sportreisen • Leserreisen • Special Tours
REISEZEIT Tourismus GmbH • Kochhannstr.1, 10249 Berlin • Tel.: 030 - 422 57 30, Fax: 030 - 422 57 29

Eine Schule „Marathon" für Äthiopien

März/April 2006

Liebe Freunde und Partner,

zum ersten Mal nahm eine Gruppe deutscher Läufer am Abebe-Bikila-Marathon in Addis Abeba teil, was von Seiten der äthiopischen Partner und Gastgeber hohe Anerkennung einbrachte. Nachdem diese Gruppe auf einer Rundreise durch das Land die täglichen Lebensprobleme der Menschen kennen gelernt hatte, beschloss sie, die äthiopischen Freunde mit einem konkreten Projekt zu unterstützen. Sie schlug vor, durch eine Geldsammlung in Deutschland eine neue Schule mit dem symbolischen Namen „Marathon" bauen zu lassen.

In Abstimmung mit den Partnern in Äthiopien soll diese Schule nun in der Nähe von Addis Abeba, in der Region Welkite, entstehen. In diesem Gebiet existieren derart wenig Schulen, so dass viele Kinder bis zu 20 km am Tag zurücklegen müssen, um an einem Unterricht teilnehmen zu können. Mit dem Bau der Schule „Marathon" würden sich ihre täglichen Schulwege halbieren!

Für dieses Projekt benötigen wir Geldspenden. Wir bitten daher alle unsere Freunde und Verbündete mitzuhelfen, dass wir in möglichst kurzer Zeit diese Schule eröffnen können. In der LAUFZEIT werden wir regelmäßig über den Stand der Spenden und Bauarbeiten berichten, und während der nächsten Äthiopien-Marathonreisen können die deutschen und internationalen Läufer den Fortgang des Schulbaus sehen.

Sehr geehrte Partner, liebe Freunde, wir würden uns sehr freuen, wenn auch Sie mit einer Spende, gleich in welcher Höhe, zur Realisierung des Solidaritätsvorhabens beitragen könnten.

Wir danken Ihnen dafür herzlich im Voraus.

Klaus Weidt
Geschäftsführer REISEZEIT

Haile Gebrselassie
Olympiasieger 1996/2000

Wolfgang Weising
Chefredakteur LAUFZEIT

Spendenkonto „Schule für Äthiopien":
REISEZEIT Tourismus, Berliner Volksbank 39 44 81 50 14, BLZ: 100 900 00

Bankverbindung: Berliner Volksbank • Kto.-Nr. 39 44 81 50 06 • BLZ 100 900 00
Handelsregister Berlin: HRB 40940
Umsatzsteuer ID-Nr.: DE 137201081

Geschäftsführer: Klaus Weidt Tel./Fax: 030 - 427 92 68
Christel Schemel: Tel.: 030 - 22 49 65 71
E-Mail: reisezeit@compuserve.com
http://www.reisezeit-tourismus.de

2.
Vom Arsi-Hochland in die Läufer-Welt

Der Mann, der den Wunderläufer entdeckte

Hailes Kindheit - laufen, laufen, laufen

Mit "Energie" nach Addis Abeba

Über Janmeda nach Holland

Trotz Irritationen - Weltmeister

Die Weltrekordjagd begann in Hengelo

Der Mann, der den Wunderläufer entdeckte

Einer hatte sich im Hause der Gebrselassis im Hintergrund gehalten. Obwohl er auf Grund seiner auffälligen Statur und seines gepflegten Aussehens eigentlich nicht zu übersehen war. Irgendwann hatte ihn Haile bekannt gemacht, einige sprachen auch mit ihm, man musste schon ein gutes Englisch beherrschen. Doch hielt er sich stets am Rande. Er war der "Doktor", Amanuels Onkel, der Mann, wie ich bei einem späteren Besuch erst erfuhr, der den talentierten Haile in der ländlichen Arsi-Region entdeckte. Ein einmaliger Fund in einer fruchtbaren Landschaft, wie sich herausstellen sollte.

Dr. Yilma Berta, ein Mittelstreckler aus Debre Zeit, dem umbenannten Bishoftu in der Oromo-Region, hatte einst ein lukratives Angebot aus Prag angenommen und dort an einer der ältesten Universitäten Europas studiert. Acht Jahre lang lebte er in der "Goldenen Stadt" an der Moldau, wo er zwei Dissertationen zu Trainingsmethoden und Trainingsformen für Studenten erfolgreich verteidigte. Mit zwei Kindern kehrte er Anfang der achtziger Jahre in seine Heimat zurück und fand Arbeit beim Komitee für Sport, wo er nicht nur als Trainer für die Distanzen zwischen 800 m und 10.000 m, sondern auch für die Nachwuchssichtung eingesetzt wurde.

Die Ethiopian Airlines, Afrikas größte Fluggesellschaft, hatte zu jener Zeit Geldmittel für die Förderung von Lauf - talenten bereitgestellt, nicht zuletzt im Begeisterungstaumel nach den in Moskau eroberten

Goldmedaillen. Sie bot sich an, Nachfolger von Miruts Yifter zu sponsern und verbündete sich mit der Athletik-Föderation zu einem "Marathon-Pilotprojekt". Den großen, dunkelfarbigen "Doktor" zog es in die Provinz Arsi, südöstlich von Addis, dort, wo ein Großteil der Oromos leben. Die angrenzende Bergwelt gilt als Urheimat dieser Stämme. Viele der christlichen Oromos hatten in der Leibgarde von Kaiser Haile Selassie gedient, unter ihnen die Laufikone Abebe Bikila. In dem Hochland rund um Asela war es keine große Kunst, laufbegeisterte Bauernjungen zu finden. Sie alle liefen hier zwangsläufig Tag für Tag, irgendwohin: zur Schule, zur Wasserstelle, zum Viehmarkt, mit den Herden auf die Weiden. Für den ersten Wettkampf suchte er sich fünfzehn aus. Unter denen rannte ein Kleiner namens Haile Gebrselassie. "Der war gut, aber nicht Erster", erinnerte sich Yilma Berta, nahm damals einige der Besten, ohne ihn, in die Hauptstadt. "Lauf weiter, hatte ich dem Haile gesagt und ihm einige Tipps gegeben. Ich komme wieder."

Es vergingen zwei Jahre, und der Trainer war neugierig, wer sich von den Nichtauserwählten noch für einen neuen Ausscheidungslauf stellen würde. Es war kaum zu glauben, alle hatten weiter geübt und traten erwartungsvoll an, Haile darunter. Der ließ sich diesmal vom ersten Platz nicht verdrängen und nahm dankbar mit seinen beiden Händen, so wie es die äthiopische Höflichkeit lehrte, die ersten Laufschuhe und den ersten Trainingsanzug seines Lebens entgegen. Ein Geschenk, an das der Olympiasieger von heute immer noch gern zurückdenkt. Als später ein zweites Rennen ausgetragen wurde, war er wieder vorn. Dr. Yilma Berta suchte sich drei Lauftalente aus, notierte die und lud sie nach Addis Abeba ein. "Ihr könnt ab sofort im Polizeisportklub trainieren. Macht das mit den Eltern klar, ich erwarte euch im Stadion."

Haile hatte so seine Probleme mit dem Vater, eigentlich schon immer. Für diesen war die Lauferei Zeitverschwendung, er konnte sich nie vorstellen, dass man damit seinen Lebens-

Die Provinz Arsi mit ihrer Hauptstadt Asela liegt südöstlich von Addis Abeba. Die vorherrschende ethnische Gruppe sind die Arsi-Oromo. Der Stamm der Oromo besteht aus 200 Gruppen. Ihre Sprache, Orominya, wird in Afrika schätzungsweise von 20 Millionen Menschen gesprochen. Aus diesem Gebiet stammen die meisten äthiopischen Lauftalente.

Bild Seite 36: Haile mit Trainer Dr. Yilma Berta.

unterhalt verdienen und gar später sogar noch eine Familie ernähren würde. "Das ist keine gute Idee, mein Sohn", versuchte er ihn zu beeinflussen. "Lerne etwas Vernünftiges, wie deine Geschwister. Wenn du schon nicht den Acker pflügen willst, dann mache etwas anderes Ordentliches. Bitte, Haile, überlege dir das noch einmal."

Der Sohn, inzwischen sechzehnjährig, hatte das schon lange und blieb stur. Selbst nach seinem, natürlich dem Vater nicht angekündigten Abebe-Bikila-Marathon, der ihm mächtig in die Knochen gefahren war, ließ er sich von dem Angebot des Trainer-Doktors nicht abbringen. Haile reiste entschlossen nach Addis Abeba und suchte in den Hinterhöfen der für ihn Schwindel erregenden Großstadt das kleine Steinhaus seines größeren Bruders auf.

Hailes Kindheit - laufen, laufen, laufen

Haile Gebrselassie wurde am 18. April 1973 in Asela, 175 Kilometer südlich von Addis Abeba, geboren. In seinem äthiopischen Personalausweis ist das Jahr 1980 angegeben, was bei uns Verwirrung stiften könnte und deshalb gleich aufgeklärt werden soll. Im Reich der Gebrselassies ist der Julianische Kalender nie abgeschafft worden, jener Kalender, nach dem das Jahr eins der Zeitrechnung erst sieben Jahre und acht Monate nach

der Geburt Christi begann. Auch gehen die Uhren hier anders, nämlich sechs Stunden zurück gegenüber unserer Zeit. Äthiopien ist somit das einzige Land der Welt, das noch derart rechnet, aber diese Besonderheit, weil Einzigartigkeit, auch nicht verändern will.

Haile war das siebente Kind von zehn Geschwistern in erster Ehe. Die Familie gehörte nicht zu den Armen dieses Landstrichs, sie besaß ein ländliches Grundstück, das der Großvater vererbte. Dieser muss eine schillernde Person gewesen sein, ein Priester, der neunmal heiratete, aber nur vier Kinder zeugte. Hailes Vater war der Älteste und damit der vorrangige Erbe. "Mein Vater war streng, sehr streng", erzählt Haile, "oft war er, ich weiß, man soll das nicht von einem Vater sagen, ungerecht. Er schlug uns fast täglich, manchmal auch mehrmals. Wir mussten hart arbeiten, auf dem Acker, auf den Weiden, in den Ställen. Zwölf Stunden am Tag und mehr. Das war üblich und von uns Kindern auch als ganz normal empfunden." Liebevoll erzählt er dagegen von seiner Mutter, die, durch die Haus- und Landarbeit überfordert, viel zu früh an Entkräftung starb. Er spürte, wie sie sich um ihn sorgte, nach seinen Gedanken fragte, und er erfüllte gern ihren Wunsch, wenn sie ihn abends bat, an der Feuerstelle Geschichten aus der Bibel vorzulesen.

Sie bewohnten, lange Zeit zu zwölft, in dem landesüblichen Tukul, also in einer Rundhütte mit Wänden aus Lehm, einem Mittelpfahl, einer niedrigen Tür, einem Strohdach und Wänden, die keine Fenster besaßen. Mittendrin eine offene Feuerstelle, deren Rauch zumindest die Insekten verjagte, ein hölzerner Tisch, Hocker und fellbedeckte Lehmbänke, die auch zum Schlafen benutzt wurden. Der hintere Hüttenteil war leicht abgeschirmt, hier übernachteten die wertvollsten Haustiere. Das Städtchen Asela und natürlich alle umliegenden Dörfer gehörten schon immer zur Region der Arsi-Oromo, einem von sechs der stolzen Stämme mit ihren hoch gewachsenen und

Haile Gebrselassie. Geboren am 18. April 1973 in Asela. Wohnhaft bis zum 16. Lebensjahr in einem Bauerndorf nahe Asela. Sein Vater, Gebrselassie Bekele, besaß Ackerflächen und Viehherden. Er hatte 13 Kinder in zwei Ehen. Hailes Mutter starb frühzeitig.

Bild Seite 38: Aus dem Film "Endurance".

gut aussehenden Menschen. Die Männer tragen noch heute die weiße Toga, die Frauen oft perlenbestickte Lederkleider.

"Wenn ich zurückblickend meine Kindheit betrachte", so Haile, "bestand sie aus der schweren Arbeit und einem ständigen Laufen. Wir kannten keine Traktoren oder irgendwelche anderen Landmaschinen." Alles wurde mit der Hand getan. Vom Melken bis zum Dreschen des Getreides. Laufen war ganz normal, und das durchweg in einer Höhe von gut 2000 Metern. Fünf Kilometer zum Wasserloch und fünf Kilometer mit den Krügen zurück. Zehn Kilometer zur Schule hin und soviel natürlich auch zurück. Zehn Jahre lang. In der Farm angekommen, galt es zu den Rindern oder Schafen zu rennen, sie zusammen zu halten und wieder ins Dorf zu treiben. "Das schulte unbewusst die Ausdauer, machte aber auch (Haile schmunzelte dabei) ein wenig, wie man heute sagt, Intervallübungen notwendig."

Er war acht, als ein Rundfunkbericht seinen Lebensweg nachhaltig beeinflussen sollte. Von der Tatsache, dass in Moskau Olympische Spiele mit äthiopischen Sportlern stattfanden, erfuhr er eigentlich nur aus der abendlichen Nachrichtensendung, für die der Vater die Batterien in das Radiogerät legte, um sie danach aus Sparsamkeitsgründen sofort wieder zu entfernen. Haile merkte sich die Zeit der Rundfunkankündigung eines 10.000-m-Laufes, nahm die Batterien aus einer Taschenlampe und stahl sich klamm heimlich mit dem klapprigen Kofferradio in das silbergrüne Getreidefeld. Dort wäre er allerdings vor Freude beinahe hochgesprungen und laut geworden. Miruts Yifter, den er wie alle kannte und verehrte, nachdem er schon in München eine Bronzemedaille gewann, hatte einen Olympiasieg erkämpft. Es muss ein packendes Rennen gewesen sein, in dem Miruts in der letzten Runde noch eingekeilt war. Doch als dann der zweite Äthiopier Mohamed Kedir für ihn 300 m vor dem Ziel Platz schaffte, konnte er die Führung übernehmen. Mit drei Sekunden Vorsprung eroberte er die Goldmedaille. Ein Ereignis, das den Bauernjungen Haile prägte, ja, ihn nie mehr loslassen sollte. Einmal so werden wie Yifter, den man im Lande auch bald "Shifter" nannte, den Listigen.

In Moskau, so erzählte Haile Gebrselassie in einer späteren Runde, kamen die Reporter durcheinander, weil in den Presseunterlagen bei Miruts Yifter zwei Geburtsjahre angegeben waren, davon eins entsprechend dem äthiopischen Kalender. Als er nach dem wirklichen Alter befragt wurde, wich Yifter, der Shifter, dem so aus: "Ein Mann kann mir meine Hühner oder Schafe stehlen. Doch kein Mann kann mir mein Alter nehmen." Und schwieg dazu.

Haile lief nun noch mehr. "Meine Geschwister übernahmen zeitweise meine Arbeit, und so konnte ich mehr laufen. Sonntags rannte ich meist ins Dorf oder in die Stadt, um mich mit anderen Jungs zu messen. Das war aufregend und eine schöne Abwechslung zugleich." Dankbar ist er seinem Sportlehrer. Der gab ihm den Rat, viele lange Strecken auf den

Miruts Yifter (Amharisch: Muruse Yefter). Geboren 1944 in Adrigat, Provinz Tigray. Arbeitete als Lastkraftwagenfahrer und diente als Soldat in der äthiopischen Luftwaffe. Bei den Olympischen Spielen 1972 Dritter über 10.000 m (verpasste den Start des 5000-m-Finales), 1980 Olympiasieger über 10.000 m (27:42,7) und 5000 m (13:21,0). Hat einen zweiten Wohnsitz in Kanada.

Bilder Seite 40: In solchen Rundhütten ("Tukuls") wuchs Haile auf. Hier erfuhr er auch vom Olympiasieg des Miruts Yifter (Nr. 191).

Höhen von Arsi zu bewältigen, querfeldein und hügelwärts. "Er meinte, ich habe das Zeug zu einem guten Athleten. Das mag übertrieben gewesen sein, doch ich glaubte ihm. Ich erlebte, wie ich gegen alle Kameraden mit Leichtigkeit gewann. Auch mein ältester Bruder, der bereits in Addis trainierte, machte mir Mut."

Oft hing er seinen eigenen Gedanken nach, die er keinem verriet. So, wenn er Flugzeuge sah - wie wird man eigentlich Pilot? Oder Maler? Oder Zimmermann? Warum springen die Dunkies, die Affen, so weit? Wie wird man besser als andere? Und er war davon überzeugt, dass es Möglichkeiten geben musste, aus einem anscheinend vorbestimmten Leben auszubrechen, etwas anderes zu werden als Bauer. Warum nicht ein Athlet, ein Renner wie Miruts Yifter?

Vater Gebrselassie Bekele schüttelte nur verständnislos den Kopf. "Das kann nicht gut gehen mit dir, mein Sohn."

Mit "Energie" nach Addis Abeba

Äthiopische Namen haben immer eine spezielle Bedeutung, gleich aus welcher der vielen Nationalitäten. Der erste Name ist der eigene, der zweite der des Vaters, Familiennamen gibt es nicht. Meist haben sie eine religiöse Herkunft. Haile bedeutet soviel wie "Macht" oder "Energie", und Gebrselassie (auch getrennt geschrieben Gebr Selassie) die "Dreifaltigkeit". Mit dieser Energie schaffte Haile einen Aufstieg, den er sich selbst so schnell kaum vorgestellt hatte.

Dr. Yilma Berta, der Förderer, sorgte sich auch um den Umzug des neuen Talents von Asela in die Hauptstadt. Anfangs wohnte er bei dem älteren Bruder. Auf Hailes Frage an den Trainer, ob er nun Marathonläufer werden würde, winkte dieser entschieden ab. "Viel zu früh, dafür bist du noch zu jung. Hier würdest du nur schlechte Plätze belegen. Du solltest auf die 5000-m- und 10.000-m-Distanzen. Zuerst Cross, dann Bahn." Und übergab ihn an Dr. Woldemeskel Kostre, den strengen, aber mit seinen Methoden erfolgreichen Chefcoach der äthiopischen Langlaufelite. Dieser hatte dieses Amt nach gründlicher Trainerausbildung und Promotion in Budapest übertragen erhalten und sich in den politischen Wirren, nicht zuletzt mit Unterstützung der Athleten, durchgesetzt.

Haile trainierte auf verschiedenen Plätzen, im zentralen Stadionoval der Stadt, auch als Nationalstadion oder "Addis Abeba Stadium" bezeichnet, natürlich unterhalb der Entoto-Berge, aber auch mittendrin im hügeligen Gelände, das leider immer mehr abgeholzt wurde. Ungezählte Eukalyptusbäume buckelten Hunderte von Frauen gebündelt auf dem Rücken ins Tal. Täglich für ein paar Birr, um zu überleben. Doch Haile lief auch kreuz und quer durch die Stadt, am Meskel Square vorbei in die Kenyatta Avenue oder Churchill Street, und da konnte es trotz des quirligen und stinkenden Verkehrs durchaus vorkommen, dass Schafe oder Rinder die Straßen passierten.

Der Neuling Gebrselassie wurde sofort an die Seite prominenter Trainingsgefährten gestellt. Fita Bayisa und Addis Abebe galten bereits als Stars. Beide konnten nicht nur auf internationale Erfolge, sondern auch auf beachtliche Gewinnprämien verweisen. "Eigentlich erwarteten sie", so Hailes Rückblende, "dass ich mich ihnen gegenüber als junger Athlet, wie es sich wohl auch gehörte, ehrerbietig verhalte. Ich zollte natürlich Respekt, doch ging er nicht soweit, dass ich ihnen nur hinterher rannte. Ich konnte manchmal auch schneller sein, was sie

Dr. Woldemeskel Kostre: 1972 bei den Olympischen Spielen in Moskau Trainerassistent. Dann Nationaltrainer der äthiopischen Langläufer ab 1980. Studierte in den 60er und 70er Jahren Sport in Budapest, wo er auch seine Doktorarbeit schrieb. Unter seiner Regie wurden die olympischen Erfolge Äthiopiens von Barcelona 1992 an errungen. Ausgezeichnet u.a. von der IAAF.

Bild Seite 42: Blick auf Addis Abeba.

irritierte. Jedes Training kostete ich voll aus und war meist einer der Letzten, die aufhörten."

Das Crossgelände von Janmeda, etwas am Rande der Stadt, wurde, wie immer, in das Trainingsprogramm einbezogen. Dieses "Track field" von Addis Abeba, ursprünglich ein kaiserliches Gelände, bietet nicht nur Gelegenheiten für Pferderennen, sondern auch für vier bis fünf Kilometer lange Querfeldeinrunden. Hier finden die nationalen und internationalen Championchips statt, hier begegnen sich aber auch, vor allem sonntags, die Lauf- und Fußballbegeisterten der Stadt. Auf dem Wege nach Janmeda lernte Haile ein Mädchen namens Alem kennen. Sie verkaufte Cola und Wasser aus ihrem Kiosk heraus, der von den Athleten gern angelaufen wurde. Ein Freund machte beide bekannt, und da war es wohl um Hailes Ruhepuls geschehen. Auch hier zeigte sich seine konsequente "Energie": Er besorgte sich die Telefonnummer dieser Getränkestelle und fragte bei Alem an, ob sie sich mal treffen könnten. Der Freund, ein Trainer, brachte bald beide an einen einsamen Tisch eines Freiluftrestaurants. Und ließ sie allein. Haile bestellte Cola, Alem Tee. Längeres Schweigen, ein Gespräch kam nur zögerlich zustande. Familie hier, strenger Vater da, "ist es bei dir auch so gewesen?" Alem schüttelte den Kopf, erzählte, dass sie einmal

Klavierspielen möchte oder am Computer lernen und dass sie noch bei ihren Eltern wohne... Der Bann war gebrochen.

Über Janmeda nach Holland

Janmeda bleibt Haile Gebrselassie in unauslöschlicher Erinnerung. Nicht nur seiner Alem wegen, deren Name mit "Welt" übersetzbar ist. Janmeda nämlich öffnete ihm die Läufer-Welt. Schon wenige Monate, nachdem ihm die Mitgliedskarte des hauptstädtischen Polizeiclubs überreicht wurde, schickten ihn die Trainer zu den Landesmeisterschaften im Cross. Für den jungen Mann aus dem Arsi-Hochland war die Strecke im "Race ground" von Janmeda kein Problem. "Wir liefen ja zu Hause nur quer über die Felder." Er wurde Fünfter. Ob er sich damit für die bevorstehenden Weltmeisterschaften der Junioren qualifiziert hatte, darüber machte er sich keine Gedanken. Umso mehr freute er sich, als ihm später mitgeteilt wurde, dass er zu den Auserwählten zählte, die nach Antwerpen fliegen sollen. Haile bereits in der Nationalmannschaft! Ein Riesensprung nach so kurzer Zeit im Elitetraining der äthiopischen Professionals.

Was er damals noch nicht wusste: Ein niederländischer Manager, seit Mitte der achtziger Jahre mit den Äthiopiern verbunden, beobachtete wie immer in Janmeda die Crossläufer. Sein Name Jos Hermens. Einst selbst ein Klassemann mit Rekorden und international beachtlichen Rängen, hatte eine "Global Sports Communication" gegründet, eine Managementagentur, die Athleten förderte und vermittelte. Der 17jährige Haile fiel ihm in Janmeda durch Energie und Kampf auf, durch einen anderen Laufstil und durch die Tatsache, dass er sich ja erst drei Monate in Addis Abeba aufhielt. Hermens sprach ihn auf Englisch an, dann auf Deutsch. Amharisch, die Verständigungssprache im Vielvölkerstaat, beherrschte er natürlich nicht. Ein Trainer half ein wenig aus, doch zu einem tiefgrün-

*Hailes erste Wettkämpfe:
24.3.1991: Junioren-Cross-WM in Antwerpen 8420 m, Platz 8 (24:23)
21.3.1992: Cross-WM in Boston, 8000 m, Platz 2 (23:35)
18.9.1992 Junioren-WM in Seoul, 10.000 m (28:03,99) und 5000 m (13:36,06), jeweils Platz 1.*

*Manager Jos Hermens (Niederlande)
Geboren 1950, mehrfacher Weltrekordler, Olympiateilnehmer Montreal (10.000 m Platz 10, Marathon Platz 25). Betreut u.a. mit seinem Sohn als Chef einer Management-Firma Athleten aus vielen Ländern, u.a. Haile Gebrselassie seit 1993.*

Bild Seite 44: Erste schüchterne Begegnung mit Alem.

digen Dialog kam es nicht. Zu sich selbst aber sagte der erfahrende Manager: "Den behalte ich mal im Auge."

Er traf ihn in Antwerpen wieder, an dem Ort, der 1991 die Titelkämpfe der weltbesten Junioren-Crossläufer ausrichtete. Für Haile blieben jene Meisterschaften, bei denen er Achter wurde, weniger im Gedächtnis als die Reise dorthin. Zum ersten Mal im Flugzeug. "Ich war aufgeregt und gespannt, was man von so hoch oben alles sehen könnte. Ich wurde enttäuscht, ich sah nichts außer Wolken. Ich musste auf die Toilette. Doch wie funktioniert so eine im Flugzeug? Fällt da alles durch? Schließlich fragte ich die Hostess, ob hier ein Fenster geöffnet werden könne, der besseren Luft wegen. Alles lachte."

In Brüssel, nach der Landung, betrat der Bauerjunge aus dem Hochland der Arsi-Oromo erstmals ein Hotel. Er staunte über Klimaanlagen, Fernsehgeräte in allen Zimmern, sich automatisch öffnende Türen. Gegessen wurde nicht nach Art seines Landes, sondern mit Messer und Gabel. Ein wenig schockiert war er schon: "Die Leute hier müssen viel Geld haben, um sich das leisten zu können, vermutete ich. Und tröstete mich mit meinem Glauben: Geld ist auch nicht alles in der Welt. Ich habe immer darauf vertraut, was Gott sagt. Man muss hart arbeiten, wie mein Vater, oder nun ich als Sportler, und man muss stets auch für andere da sein. Dann belohnt dich Gott, dann gibt er dir für die harte Arbeit auch einen fairen Lohn."

Was ihm von Antwerpens 8420 Metern querfeldein noch unvergessen blieb, war der Kenianer auf dem Platz vor ihm, Ismail Kirui. Der sollte ihm noch ein paar Jahre auf den Fersen bleiben.

Trotz einiger Irritationen - Weltmeister

Das Jahr der Olympischen Spiele von Barcelona fiel mitten in den politischen Umbruch des ostafrikanischen Landes. Mengistu Haile Mariam hatte den Versuch einer "Volksrepublik" nach dem Zusammenbruch der Sowjetunion schnell aufgegeben und floh nach Simbabwe. Die neue Regierung steuerte auf eine "Demokratische Bundesrepublik" zu und verkündete eine "Neuordnung des Landes". Die Sportstars waren von den Turbulenzen weniger berührt, es sei denn in der Frage nach der weiteren Finanzierung.

Trotz einiger dieser Irritationen sorgten die äthiopischen Renner für gewaltig laute Paukenschläge. Derartu Tulu, auch aus Hailes Arsi-Zone stammend, gewann im spanischen Barcelona die Goldmedaille im 10.000-m-Lauf, was in der internationalen Presse mit besonderen Schlagzeilen bedacht wurde: Sie war die erste Afrikanerin, die als Olympiasiegerin gefeiert werden konnte. Hailes Trainingsgefährten Addis und Fita eroberten Bronzemedaillen. Haile war begeistert. Nach seinem zweiten Cross-Platz in Boston, wieder hinter Kirui, nahm er mit den olympischen Bildern im Kopf den Kampf um den Junioren-Weltmeistertitel im fernen Südkorea auf. Und hier gelang der Durchbruch. Haile Gebrselassie schlug über 5000 m erstmals Kirui und sicherte sich hier wie dann auch auf der doppelt langen Bahndistanz die Goldmedaille. Zweimal Weltmeister - und das nach nur zwei Jahren Leistungstraining!

Das Jahr klang übrigens in Deutschland aus, woran sich gewiss nur wenige erinnern werden. Beim dritten Ekiden-Rennen von Potsdam nach Berlin war eine 30 000-Dollar-Siegprämie ausgelobt worden, um die sich diesmal nicht nur die hoch dotierten Kenianer, sondern auch die Äthiopier bewarben. Die namentliche Besetzung von jener November-Staffel kann man sich nachträglich noch auf der Zunge zergehen lassen: die Olympiadritten Addis Abebe und Fita Bayisa, Worku

Olympische Spiele 1992 in Barcelona 10.000 m: 1. Derartu Tulu (31:06,2). Die Äthiopierin ist damit die erste afrikanische Olympiasiegerin.

1992 im November weilte Haile erstmals in Deutschland. Im Ekiden-Rennen am 8.11. von Potsdam nach Berlin, bei dem die Marathondistanz traditionell aufgeteilt werden musste, lief er 5 km in 13:24 min. Das äthiopische Team stellte in 1:57:04 h einen neuen Streckenrekord auf.

Bild Seite 46: Derartu Tulu.

Äthiopischer Hattrick

Start-Ziel-Sieg beim 3. Ekiden Potsdam - Berlin

Äthiopiens Quintett war eindeutiger Favorit beim 3. Ekiden-Rennen vom Potsdamer Schloß Cecilienhof zum Brandenburger Tor nach Berlin. Fita Bayesa, Abraham Assefa, Worku Bikila, Haile Silassie und Addis Abebe teilten sich die Marathondistanz und wollten sich die 30000-Dollar-Siegprämie sichern. Dabei hatten sie sich diesmal stärkster Konkurrenz zu erwehren, denn 17 Nationalstaffeln, zwei gemischte Teams sowie 20 deutsche Ländervertretungen wollten die Sieger des ersten und zweiten Rennens jagen. Vor ... Weltmeister Ke- ... diesen Lauf ... die

Start zum 3. Ekiden-Staffel-Rennen von Potsdam nach Berlin. Foto: O.Wessler

vorn. In 1:08:54 h siegte er in dem für alle Klassen offenen Lauf vor dem Potsdamer Wolfgang Köhler ...:47) und Daniel Druska (BSV ... Für gute Zeiten auf der

le/43:30) und Tibor Nitz... burg/44:15) verliefen si... der Position drei Kilo... Ziel. Sehr gut auch ... noch in der B-J...

Bekila, Abraham Assefa und Haile Gebrselassie. Fita Bayisa startete wie die Feuerwehr, die anderen hielten den Vorsprung, und Haile (den eine Zeitschrift noch als Haile Silassie wiedergab) baute ihn wie auch die anderen problemlos aus. Keiner hatte eine Chance gegen dieses Quintett, die sieggewohnten Kenianer ebenso wenig wie die deutschen Staffelläufer mit Stefan Freigang und Dieter Baumann. Abends, als die Äthiopier ihren Dollar-Briefumschlag öffneten, fragte Worku seinen Freund: "Sag mal, hast du den Baumann gesehen? Der war in Los Angeles Olympiasieger über 5000 m." Worauf Haile grinste und seine weißen Zähne blitzten ließ: "Meinst du den großen Weißen, der immer versuchte, an mich heranzukommen?"

Das darauf folgende Laufjahr sollte sich mit 18 Starts nicht nur als das intensivste der Karriere erweisen, sondern auch eins der erfolgreichsten. Trotz Irritationen verschiedener Art. Es war das Jahr der Leichtathletik-Weltmeisterschaften. Jos Hermens traf sich mit Haile in London beim Grand Prix und machte dem Talent ("Ich ahnte, dass es das größte der Geschichte werden könnte") zweierlei klar: Laufen ist ein Job geworden, und in diesem geht es um Geld. Vor den Weltmeisterschaften in Stuttgart sollte seiner Meinung nach Haile noch einen Lauf beim Grand Prix in Zürich absolvieren, um mit einer guten Zeit physisch und psychisch gewappnet zu sein. Um eine Verlängerung seines Visums würde er sich kümmern, das dürfte kein Problem sein. Anruf nach Addis Abeba zur Athletik-Föderation. Die signalisierte Ablehnung. Haile steckte in einer Zwickmühle. Dort sein äthiopischer Auftraggeber, hier sein holländischer Manager. Letzterer überzeugte ihn: "Du wirst über 5000 m Landesrekord rennen." Haile ließ sich schließlich darauf ein, startete in Zürich und kam nach 13:05:39 durchs Ziel. Noch nie war für einen äthiopischen Langstreckler solch eine Zeit gestoppt worden.

In Addis Abeba war man sauer und vermutete schon, dass der neue Stern nun in den Niederlanden leuchten wolle. Umso mehr gab es verblüffte Gesichter, als Haile mit den anderen Zürich-Teilnehmern auf dem zentraläthiopischen Flughafen auftauchte. Überlegungen, dass man ihn mit einer Startsperre für Stuttgart belegen solle, wurden durch den neuen Landesrekord zerschlagen. Haile reiste zu seinen ersten Senioren-Welttitelkämpfen. Mit einem gesunden Selbstbewusstsein.

Er startete in zwei Finals. Zuerst auf der 5000-m-Bahnstrecke. Im Feld steckte wieder sein alter Kontrahent, Ismail Kirui. "Da machte ich einen Fehler. Statt auf den zu achten, starrte ich mehr auf die Beine von Fita Bayisa, den Olympiadritten, und die von Worku Bekila, den alten Haudegen. So kam es dann, dass der Kenianer uns drei Äthiopier auf die Plätze verwies." Doch Haile wurde in diesem, seinem ersten Senioren-Weltmeisterschaftsrennen immerhin Zweiter und erhielt die Silbermedaille.

In die Freude flossen bereits die Pläne für den 10.000-m-Lauf ein. Hier wollte er unbedingt gewinnen. So heftete er sich dann im Finale an die Fersen des mitfavorisierten Kenianers Moses Tanui. Alles schien wie erwartet zu laufen, im wahrsten Sinne des Wortes. Bis auf einmal in einem Gedränge Tanui einen Schuh verlor und den nach ihm folgenden Haile dafür verantwortlich machte, indem er empört auf ihn wies. "Ich sollte ihm in die Hacken getreten sein, aber das hätte ich doch merken müssen." Disqualifikation? Irritation bei den Kampfrichtern. Haile ließ sich von seinem Finish nicht abhalten. "Wenn ich schon disqualifiziert werden soll, dann als Sieger." Und Haile gewann. Der Mann aus Kenia protestierte. Die Offiziellen sahen sich danach die entscheidenden Phasen auf dem

Leichtathletik-WM 1993 in Stuttgart
16.8.:
5.000 m:
1. Kirui (Ken) 13:02,75,
2. Gebrselassie 13:03,17;
22.8.:
10.000 m:
1. Gebrselassie 27:46,02.

Bild Seite 48: Ausschnitt aus dem Journal "Laufzeit" von der Ekiden-Staffel 1992.

Wettkampffilm mehrmals an. Sie konnten schließlich keine Regelwidrigkeit, keine Unfairness feststellen. Haile Gebrselassie war in Stuttgart Weltmeister geworden!

Diese Meldung schlug zu Hause wie ein Blitz ein, und sie feierten fast alle, vom Premierminister in Addis Abeba bis zum Schuhputzer in Axum. Die Welt staunte. Erstmals tauchten in den Medien Titel wie der "Wunderläufer" oder das "Laufphänomen" auf. Als Haile wieder in der Heimat landete, hatten die Familie und viele Freunde eine Begrüßungsfeier vorbereitet. Die Funktionäre der Föderation allerdings hielten sich immer noch etwas bedeckt. Der Riss zwischen ihm und ihnen, nicht zuletzt durch die Pläne des holländischen Managers aufgebrochen, aber auch durch eigene Vorstellungen über mögliche Wettkampfstarts und Start-Sieg-Prämien, war da. Er ist wohl nie richtig zugewachsen.

Die Weltrekordjagd begann in Hengelo

Für den 4. Juni 1994 hatte Jos Hermens das erste Weltrekordrennen für den neuen Weltmeister vorbereitet. Der Ort Hengelo in den Niederlanden wurde im Laufsport durch den Manager bekannt, der nach dem Rotterdam-Marathon auch den Adriaan Paulen Memorials zur Tradition verhalf. Hermens hatte weit reichende Erfahrungen mit der Gestaltung von Rennen aller Distanzen, wusste, wie er Pacemaker, die "Hasen", einzusetzen, eine begünstigende Stadionatmosphäre zu schaffen und Sponsoren für solche weltbewegenden Highlights zu interessieren hatte. Eine 5000-m-Weltbestzeit war längst überfällig. Die letzte datierte aus dem Jahre 1987, aufgestellt in 12:58:39 vom Marokkaner Said Aouita. Haile war von Hermens in den Monaten davor aufmerksam beobachtet und schließlich befragt worden: "Meinst du, wir können es versuchen?" Der überlegte nicht lange: "Du weißt, das Training verlief sehr gut, ich fühle mich ausgezeichnet. Ich bin überzeugt, ich schaffe den Rekord."

Nach 3000 m scherten die Pacemaker aus und verließen entkräftet die Bahn. Haile kämpfte nun allein weiter, überrundete die anderen Teilnehmer und bewies ein Können, das auch bei vielen späteren Prüfungen entscheidend sein sollte - allein gegen die Uhr zu laufen, unerbittlich gegen diese und gegen sich selbst. Als er das Zielband erreichte, frenetisch angefeuert vom Stadionsprecher und den Zuschauern, für die der Athlet aus Addis Abeba noch relativen Neuwert besaß, war die Bestzeit des Marokkaners um 1:43 Sekunden unterboten.

Das war die Premiere einer fast unglaublichen Weltrekordjagd des Haile Gebrselassie, die ein Jahr später an gleicher Stelle ihre Fortsetzung über die 10.000 m fand. Diesmal vor durchweg vollbesetzten Traversen, auf denen auch aufgeregte Äthiopier saßen, die in Holland lebten und sich den neuen Star aus ihrer Heimat nicht entgehen lassen wollten. In die Tempomacher dieses denkwürdigen Laufes von Heneglo hatte sich auch Worku, inzwischen einer der besten Freunde Gebrselassies, eingereiht und brachte ihn auf mehr als 14 Bahnen auf die richtige Zeitschiene. Diesmal brach Haile die Zeit des Kenianers William Sigei um fast sechs Sekunden. Da hielt es die Äthiopier nicht mehr auf den Rängen. Sie rannten mit der Fahne ihres Landes auf die Bahn und trugen ihn auf den Schultern rund um das Stadionoval.

Auf mehr als zwei Dutzend stockte der Mann aus dem ostafrikanischen Hochland seine Weltrekorde und Weltbestzeiten bis Ende 2007 auf. Auf Distanzen zwischen einer Meile und Marathon. Mittendrin eine Strecke von 21285 Metern, markiert in einer Stunde. Allein diese Bilanz, an ein laufhistorisches Phä-

Erster Weltrekord von Haile Gebrselassie: 5000 m in 12:56,96 (Hengelo, 4.6.1994).

Bild Seite 50: Haile Gebrselassie - Weltmeister über 10.000 m.

nomen grenzend, gab verständlicherweise vielen den Anlass, euphorisch von einem "Wunderläufer" oder dem "Größten" zu schreiben oder zu reden.

Im vorolympischen Jahr 1995 startete Haile Gebrselassie nicht weniger als fünfzehn Mal, darunter auf der Mittelstrecke von 1500 m und über 12060 m im Querfeldein. Im dänischen Göteborg verteidigte er seinen Weltmeistertitel erfolgreich. Begann er nun Goldmedaillen zu sammeln wie andere hoch dotierte Briefmarken? Über eine Ansammlung anderer Art war er sich uneins, wie er sich da richtig freuen sollte. Er gewann nämlich als Weltmeister in Stuttgart einen Mercedes und nun in Göteborg einen zweiten. Jeder andere hätte Jubelsprünge ausgeführt, Haile zeigte sich etwas irritiert: "Ich hatte keinen Führerschein, und ich wollte eigentlich auch nie Auto fahren, sondern laufen. Ich sagte mir immer, ein Auto macht bequem."

Und so ließ er die beiden Wagen in Addis Abeba auf einem bewachten Platz abstellen. Erst nach Atlanta wollte er sich mit denen beschäftigen. Olympia hatte Vorfahrt.

3.
Dreimal Olympia: Atlanta, Sydney, Athen

Der Einzelkämpfer von Atlanta

Der alles entscheidende Lauf

Bemerkenswertes nach Atlanta

Nach einem Albtraum: Triumph mit 9/100

Acht Kilometer in drei Stunden

Jahre des Hoffens und Bangens

Ein neuer Stern am äthiopischen Himmel

Als Kenenisa auf Haile wartete

Der Einzelkämpfer von Atlanta

Kein Film hat den Aufstieg des Haile Gebrselassie bis zu seinem Olympiasieg von Atlanta so emotional wiedergegeben wie der des amerikanischen Regisseurs und Drehbuchautors Leslie Woodhad. "Endurance", also Ausdauer, ist sein Titel, im deutschen und österreichischen Fernsehen auch als "Der Einzelkämpfer von Atlanta" gezeigt, leider nie zu günstigen Sendezeiten. Hauptdarsteller Haile Gebrselassie, erst von seinem Neffen Yonas Zergaw, dann von ihm selbst gespielt. Bis zum olympischen 10.000-m-Lauf allerdings waren sich die Produzenten noch nicht einig, wer der Held des Filmes werden soll: Haile oder Paul Tergat. Beide hatten sie im Vorfeld der Spiele beobachtet, da sie glaubten, dass sich der Kampf um Gold nur zwischen Kenia und Äthiopien abspielen dürfe. Gebrselassie war spätestens nach seinem Weltrekord an die Spitze der Läuferhitliste marschiert, Tergat hatte eine tadellose Cross-Siegesserie vor Atlanta aufzuweisen, auch wenn er sich bei den Kenia-Meisterschaften etwas zurückhielt. Paul oder Haile? Regisseur und Kameraleute bereiteten alles erst einmal zweigleisig vor, um sich nach dem Finaltag am 29. Juli 1996 für einen der beiden zu entscheiden.

Von der Dramatik, die bereits in den Tagen vor dem Semifinallauf, der Qualifikation der 10.000-m-Männer, stattfand, ahnten weder die Filmemacher noch ein Paul Tergat etwas. Kaum, dass sich Haile in seinem Einzelzimmer im

Athletendorf von Atlanta eingerichtet hatte, spürte er Fußbeschwerden. Am linken großen Zeh entwickelte sich eine Blase. Soweit noch nicht bedenklich, ist das doch immer mal ein Läuferproblem. Man kennt es, nicht sorgfältig übergestreifte Socken hätten die Ursache sein können, doch der Äthiopier zog keine an. Die Blase wuchs also weiter, und sein Besitzer machte einen Fehler - er piekte sie auf. Die kleine Wunde infizierte sich, bald passte kein Schuh mehr, und auch größere konnten nicht helfen. Haile war entsetzt und verzweifelt zugleich. "Bin ich nach Atlanta geflogen, um wegen einer Blase zu kapitulieren?" Und: "Mein Gott, was habe ich Falsches getan?" Ganz Äthiopien erwartete von ihm einen Sieg, Haile wusste das und wollte keinesfalls enttäuschen. Täglich rief Alem an und ahnte nichts. Sie wollte ihm Mut machen, seinen ersten olympischen Auftritt erfolgreich zu beenden. "Haile, ich habe bereits unsere Ringe. Es bleibt dabei, bei deiner Rückkehr..." Beide hatten vereinbart, dass sie sich nach Atlanta noch auf dem Bole-Flughafen von Addis Abeba verloben. Natürlich dachte Haile dabei an eine olympische Goldmedaille, die er dann als Halsschmuck tragen würde. Und nun diese große schmerzende Blase! Der Arzt, den sein Manager Jos Hermens holte, hatte nur einen Rat: Keinen Schritt mehr, ruhen, am besten im Bett bleiben. Die Kenianer wunderten sich schon, dass sie nie den Weltrekordmann zu Gesicht bekamen. "Haile läuft ganz früh, wenn ihr noch schlaft", wich der Manager aus.

Um das Semifinale aber kommt keiner umhin. Wer hier nicht startet, ist bereits ausgeschieden, auch wenn er die Weltspitze anführt. "Doktor", fragte Haile schließlich, "kann ich trotzdem laufen?" Der verwies auf die eigene Verantwortung und die Schmerzen, die er fast eine halbe Stunde lang zu ertragen habe. "Gut", entschied Haile, "ich starte. Ich ignoriere alle Schmerzen." Am Telefon sagte er zu Alem wieder nichts von seinen Problemen: "Alles o.k., nun geht's richtig los. Ihr könnt

Der Film „Endurance" oder „Der Einzelkämpfer von Atlanta". Hauptdarsteller: Haile Gebrselassie (Haile), Shawanness Gebrselassie (Hailes Mutter), Yonas Zergaw (junger Haile), Gebrselassie Bekele (Hailes Vater), Alem Tellahun (Hailes Frau); Regie und Drehbuch: Leslie Woodhead, Kamera: Ivan Strasburg. Länge 1:20 h. Eine Hollywood-Produktion.

Bild Seite 54: Paul Tergat oder Haile Gebrselassie. Wer gewinnt - das Olympiafinale und die Titelrolle zum Film?

euch auf mich verlassen." Und bei der Pressekonferenz vor den neugierigen Medienvertretern lachte er wie gewohnt, nicht nur über manche überflüssige Fragen: "Ja, es ist mein erstes olympisches Rennen, ja, ich fühle mich gut, ja, natürlich möchte ich gewinnen."

Der Druck wuchs weiter. Die Schmerzen ließen nicht nach, aber die Erwartung stieg. Mit ihr auch die Nervosität. Als am Tag vor dem 10.000-m-Finale seine äthiopische Trainingskameradin Fatuma Roba nach einem souverän herausgelaufenen Marathonsieg die Tartanbahn von Atlanta küsste, war ihm endgültig klar, was für ihn eine Rückkehr ohne Gold bedeuten würde. Mit Fatuma hatte zum ersten Mal eine Afrikanerin einen olympischen Marathon gewonnen, was sofort in den Presseberichten mit dem historischen Abebe-Sieg in Rom verglichen wurde.

Der alles entscheidende Lauf

29. Juli 1996, 10.000-m-Endkampf, 25 Grad bei mehr als 80 % Luftfeuchtigkeit, hochgespannte Atmosphäre.

Die Dramatik kulminiert wie erwartet im olympischen Stadion von At-

lanta. Sofort nach dem Start schiebt sich Haile Gebrselassie an die sechste Position, immer Paul Tergat im Blick. Alle Kenianer flankieren ihn wie Bodygards, dem zweiten Äthiopier Worku Bekila, einem altbewährten Haudegen, keine unterstützende Chance gebend. Haile weiß es, er ist nun Einzelkämpfer für sein Land. Bis Kilometer acht kein Problem, doch dann spürt er die Fußschmerzen wieder, fast übermächtig, lässt sich aber nichts anmerken. Kann er auch nicht, denn der führende Tergat macht weiterhin Tempo. Die letzten zwei Kilometer in 5:05 Minuten! Als der Kenianer antritt, kann ihm nur noch Haile folgen, 200 m in 29 Sekunden. Der lange als Mitfaforit gehandelte Marokkaner Salah Hissout verpasst den vorentscheidenden Augenblick. Wenig später schaut sich Tergat um, wahrscheinlich, um Siegesgewissheit zu tanken, doch Gebrselassie hat sich nicht zermürben lassen. "Ich habe an keinen Schmerz mehr gedacht, an nichts, außer, dass ich an meinen Willen und meine Endschnelligkeit glaubte", so "Gebre" später. 450 m vor dem Ziel sorgte er, blitzschnell und überlegt, für die Entscheidung. Als ein weiterer Läufer zu überrunden ist, schert er aus und läuft am kenianischen Spitzenmann mit Riesenschritten vorbei. Einen Moment sieht es so aus, als wenn Tergat stehen bleibt. So sehr der sich dann noch um Anschluss bemüht, Haile Gebrselassie ist nicht mehr zu bezwingen. Und schaut sich auf der Zielgeraden selbst noch einmal um und weiß es dann: I c h gewinne!!!

Das Stadionoval schäumt über. Äthiopische Zuschauer reichen ihm die grüngelbrote Landesfahne. Haile reißt sich die Schuhe von den Füßen, und nur wer genau hinschaut, sieht, dass ein Zeh blutet. Er rennt barfuss und schon wieder lächelnd an den Traversen vorbei. Ein Traum ist wahr geworden, von dem er schon als Junge träumte. Er hat an Miruts Yifters Olympiasieg von Moskau angeknüpft, seine Landsleute nicht enttäuscht, Alem das Versprechen eingehalten und wohl auch den Vater letztendlich von seinen Lebenszielen überzeugt. In seine Freude

Olympia Atlanta 1996, 10.000 m Männer: 1. Gebrselassie (Äth) 27:07,34, 2.Tergat (Ken) 27:08,18, 3. Hissou (Mar) 27:28,59, 4. Nizigama (Bur) 27:33,79, 5. Machuka (Ken) 27:35,08, 6. Koech (Ken) 27:35,19. Im Marathon der Frauen siegte am 28. Juli, ein Tag vor Haile, die Äthiopierin Fatuma Roba in 2:26,05.

Bilder Seite 56: Olympische Duelle zwischen Haile Gebrselassie und Paul Tergat in Atlanta (unten) und Sydney.

mischt sich nur ein Schatten: Er hätte das Erleben von Atlanta auch seiner Mutter von Herzen gegönnt. Als die Nationalhymne den Sieger ehrt, verschwindet für einige Sekunden das Lächeln in seinem Gesicht und macht ein paar Tränen Platz.

Der lange Paul Tergat, Gentleman auch in Niederlagen, gratuliert dem Bezwinger. Manager Hermens nimmt im Hintergrund die ersten telefonischen Glückwünsche entgegen. In Äthiopien sind nach vorsichtigen Schätzungen Zehntausende unterwegs, die auf den Straßen der Städte und Dörfer den Olympiaerfolg von Haile Gebrselassie überschwänglich und lange feiern. Eine einheimische Zeitung schwärmt: "Eine Lichtgestalt wurde geboren!"

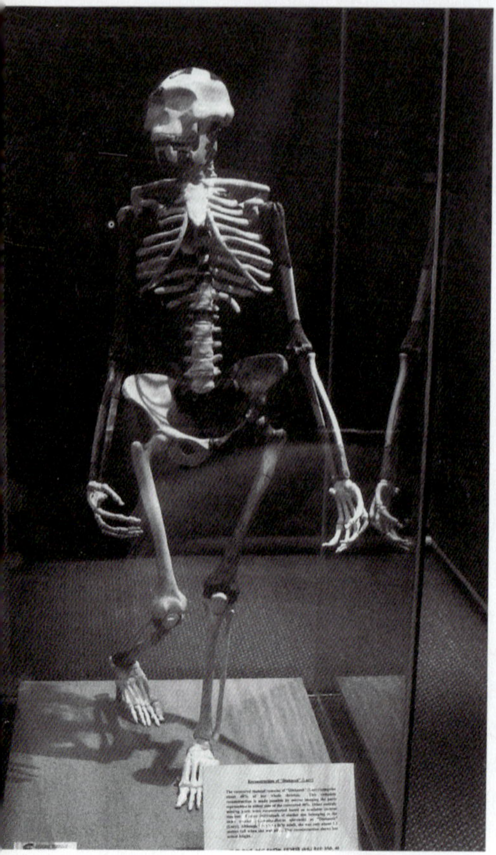

Bemerkenswertes nach Atlanta

Die Begeisterung nach den Spielen von Atlanta ließ in Äthiopien nicht nach. Die goldenen Medaillen von Fatuma Roba und Haile Gebrselassie, dazu die bronzene von Gete Wami hatten das Land in Euphorie versetzt. Ein Land, das ansonsten meist nur in negativen Schlagzeilen präsentiert wurde: Dürre, Überschwemmungen, Hungersnöte, Kriege. Internationale Statistiken wiesen Äthiopien zeitweise sogar als ärmstes Land der Welt aus. Wo wurden schon Reports über die Schönheit und Freundlichkeit der Menschen am Horn von Afrika gegeben, über den Zusammenhalt des Vielvölkerstaates, die landschaftlichen Phänomene, die Religiosität und einmalige Geschichte, die bis zum Ursprung der Menschheit zurückführt? Hier wurde "Lucy" entdeckt, das älteste weibliche

Wesen der Welt, das sich vor drei Millionen Jahren aufrichtete und erstmals aufrecht lief. Ein John-Lennon-Titel hatte die Archäologen in der Awash-Region zu diesem Namen inspiriert, die Äthiopier nannten sie "Dinkenesh", die "erste Schöne".

Und nun kehrten Helden heim, die abermals die Blicke der Weltöffentlichkeit auf das "Dach von Afrika" zogen. Diese mussten in Frankfurt am Main eine zweitägige Zwangspause einlegen, weil aus Addis Abeba eine ungewöhnliche Order kam: Wir brauchen etwas Zeit, wir wollen euren Empfang würdig vorbereiten.

Tausende und Abertausende jubelten dann den Medaillengewinnern von Atlanta mit einer unglaublichen Begeisterung zu. Vom Bole-Airport bis zum Meskel-Platz. Doch fragt man Haile heute, was ihn an die Landung in Addis Abeba vor allem erinnert, wird er Alem nennen. Noch auf dem Flughafen geleitete ein orthodoxer Priester die Frau in ihrem festlichen sektfarbenen Gewand zum neuen Olympiasieger, der die Goldmedaille wie ein äthiopisches Kreuz am Hals trug. Eingerahmt von der kompletten Gebrselassie-Familie. Alem überreichte die goldenen Ringe, womit die vereinbarte Verlobung Wirklichkeit wurde. Die Heirat zwischen Alem und Haile fand nicht, wie oft zu lesen war, an diesem oder dem folgenden Tage, sondern ein Vierteljahr später statt. Die genaue Zahl der Hochzeitsgäste ist nie ermittelt worden, geschätzt wird sie auf 3000.

Die Jahre zwischen Atlanta und Sydney sind oft beschrieben worden. Sie zählen zweifelsohne zu den erfolgreichsten des "Wunderläufers". Fast alles, was er, trainiert von Dr. Woldemeskel Kostre und gemanagt von Jos Hermens, anfasst, gelingt. Weltrekorde zwischen 2 Meilen und 10.000 m verbessert er und verteidigt seine Weltmeistertitel. Grundlagen für einen beachtlichen Reichtum, mit dem er nicht im Ausland, sondern in seiner Heimat investiert. Aber Haile hebt ein Ereignis des Jahres 1998 hervor, das ihm mehr bedeutete als

War Lucy die erste Läuferin der Welt? 1974 entdeckte Dr. Donald Johanson von der Universität Cleveland am unteren Awash-Fluss die Gebeine eines Wesens, das vor ca. 3,5 Millionen Jahren erstmals aufrecht ging. Von den Äthiopiern „Dinkenesh" genannt, durch das John-Lennon-Lied zur „Lucy" geworden („Lucy In The Sky With Diamands"). Das lange gesuchte Glied zwischen Affen und Menschen.

Bild Seite 58: Lucy.

alle Preise und Pokale: die Geburt seiner ersten Tochter, die er "Eden" nennt, das "Paradies".

Als er am 24. August 1999 in Sevilla zum neunten Mal zum Weltmeister gekrönt wird, wieder vor Paul Tergat, blickt er zuversichtlich nach Sydney, wo im nächsten Jahr die Olympischen Sommerspiele stattfinden sollen. Er ahnt nicht nach dem spanischen Fest, wie steinig der Weg zur australischen 10.000-m-Finalbahn noch werden soll.

Nach einem Albtraum: 9/100 für einen Triumph

Bereits Ende 1999 tauchten die ersten Probleme auf. Hailes Physiotherapeut, ein holländischer Spezialist, von Jos Hermens angeworben, hatte die Stelle entdeckt. Das Gewebe der rechten Achillessehne wurde immer dicker. Als sich Haile dem Doktor vorstellte, hatte der nur eine Order: Operation. Das aber wollte der Patient nicht, der damit seine Hoffnungen für seine zweiten Olympischen Spiele schwinden sah. "Ich will laufen und gewinnen", und wiederholte es noch mal: "laufen und gewinnen." Anton Engels, der Masseur, besänftigte ihn: "Ich will alles tun, dass du das schaffst. Entscheiden musst du aber." Wochenlang behandelte er Haile rund um die Uhr, zog sogar nach Addis Abeba und wohnte bei den Gebrselassies.

Die Freiluftsaison lief dann recht gut an, in der sich Haile für 5000-m-Rennen als Vorbereitung auf die 10.000 m von Sydney eingeschrieben hatte. Drei leichte Siege, bevor der letzte Test, der Grand Prix von Zürich, folgte. Hatten sich die Schmerzen bereits bei den vorhergehenden Rennen bemerkbar gemacht, kulminierten sie nun in der Schweiz. Haile gewann, doch was danach kam, wird er nie vergessen: Er konnte nicht mehr gehen, nur noch sitzen. So wartete er im Zürcher Stadion, bis die Konkurrenten aus dem Blickfeld verschwanden. Hatten die etwas bemerkt? Sie hatten, sprachen ihn aber nicht darauf an. Jos Hermens und Anton Engels halfen Haile, abgeschirmt vor allem vor der Presse, in sein Quartier zu gelangen.

Nach Hause zurückgekehrt, ging er allen aus dem Wege. Er zeigte sich gereizt, so, wie man den immer strahlenden Laufstar mit der gewohnten Ruhe und Besinnlichkeit nicht kannte. Doch für den, so glaubte er, schien sein zweiter olympischer Traum ausgeträumt. "Es war die schlimmste Zeit in meinem Leben, wirklich. Ich wusste nicht, was ich tun sollte. Ich konnte nicht schlafen und wollte keinen sehen. Ich stritt mich um Nichtigkeiten, sogar mit Alem. Was mußte ich tun?"

Nach einem misslungenen Härtetest, der die Schmerzen nur noch in ungewohnte Höhe trieb, ließ er erst mitteilen: "Ich verzichte auf Sydney", um sich bald zu korrigieren: "Ich versuche es trotzdem." Die letzten Worte des Vize-Sportministers hatten den Ausschlag gegeben, die etwa so lauteten: "Auch wenn du jetzt verletzt bist, ich bin davon überzeugt, dass du gewinnst, wenn du in Sydney startest." Und so flog Haile mit nach Australien. Nach einem Monat ohne Training, aber neu motiviert durch die Erwartungen seiner Landsleute und seinen eigenen Wunschtraum, den er sich durch vier Jahre härtesten Trainings und zahlreicher Rekordrennen erfüllen wollte: zum zweiten Mal Olympiasieger werden.

Nach dem Qualifikationslauf im Olympiastadion von Sydney, den er gewann, musste er sofort ins Bett. Drei Tage lang hatten die Masseure Zeit, ihn zu pflegen. Es sah nicht gut aus, so dass selbst ein optimistischer Manager wie Jos Hermens, der früher Langstreckenläufe selbst in Weltklassezeiten beendete, wenig Hoffnung hatte. Doch der kleine Äthiopier mit dem großen Willen stand am Finaltag auf und zeigte allen sein Lächeln. Beim Aufwärmen kam Paul Tergat auf ihn zu: "Haile, how are you?", und Haile, der sich bemühte, nicht zu hinken, ließ sich nichts anmerken: "Fantastic!"

Paul Tergat, bisher der ewige Zweite, wollte diesmal das Blatt endlich wenden. Noch nie hatte der Kenianer, fast einen Kopf größer als sein äthiopischer Widersacher, so hart trainiert, bis 300 km in der Woche. Seine Form, wie er selbst kund gab, war nie so gut wie vor Olympia 2000. Auch verhehlte er nicht, dass er gegen einen angeschlagenen Haile Gebrselassie erst recht echte Chancen hätte.

Olympia Sydney 2000, 10.000 m Männer: 1.Gebrselassie (Äth) 27:18,20, 2. Tergat (Ken) 27:18,29, 3. Mezgebu (Äth) 27:19,75, 4. Ivuti (Ken) 27:20,44, 5. Korir (Ken) 17:24,75, 6. Berioui (Mar) 17:37,83. Die 10.000 m der Frauen gewann Derartu Tulu in 30:17,49.

25. September 2000, Olimpic Australia Stadium in Sydney, 10.000-m-Finale, 112 000 Zuschauer.

Tergat bestimmt von Anfang an, unterstützt von seinen Landsleuten Korir und Ivuti, das Renngeschehen. Gebrselassie heftet sich an seine Fersen. Die Hälfte wird in 13:45 Minuten zurückgelegt, also nicht zu schnell. Zweimal setzt sich Haile an die Spitze, um ein höheres Tempo zu verhindern. Keiner weiß, dass sich der Olympiasieger nach sieben zurückgelegten Kilometern schlecht fühlt. Weniger die Sehnenschmerzen als eine plötzliche Atemnot. Die bohrende Frage "Ist nun alles aus?" währt nur Sekunden, dann ist er mit Körper und Geist wieder auf der Höhe dieser Bahn. Als vier Runden vor Schluss Paul Tergat lossprintet, 200 m in 29 Sekunden, kann ihm nur noch Haile folgen. "Mein einziger Gedanke, du musst warten." Dann legt der Kenianer abermals ein Tempo vor, als würde sich bereits das Zielband vor ihm auftun, doch schüttelt er den Äthiopier nicht ab. Der kleine Mann mit dem "Ethiopia" über der Startnummer 1658 bleibt hinter ihm. Auf der Zielgeraden, 50 m noch werden es gewesen sein, taucht dieses Trikot an seiner roten Hemdseite auf. Haile Gebrselassie kämpft sich mit aller ihm verbliebenen Kraft an Paul Tergat heran. "Ich konnte nicht mehr denken, nur sprinten. Ich fühlte mich wie neben mir laufend. Es war ein magisches Finale." Haile gewinnt. Neun Hundertstel Sekunden, eine Brustbreite!

Die mehr als hunderttausend Zuschauer feiern beide Läufer enthusiastisch. Der Traum des Haile Gebrselassie hat sich erfüllt. Das zweite olympische Gold. Die Ehrenrunde humpelt er durch, dann wird er auf den Schultern um das Stadionrund getragen, das wie in einem Hexenkessel brodelt. Die Schlagzeilen überbieten sich später wieder. Er wird zum "größten Läufer aller Zeilen" tituliert.

Acht Kilometer in drei Stunden

Der 6. Oktober hat sich bei den Heroen von Sydney unvergesslich eingeprägt. Düsenjäger eskortierten die Maschine der Ethiopian Airlines. Tausende drängten sich bereits vor dem Airport, dem größten Flughafen Afrikas. Jeder aus Addis Abeba und Umgebung wollte seine Stars sehen und ihnen zujubeln. Denn diese Olympiamannschaft war die bislang erfolgreichste in der Geschichte des äthiopischen Sports. Acht Medaillen brachte sie mit, die längst aus dem Gepäck herausgeholt und umgehängt worden waren. Darunter Goldschmuck für Gezaghegn Abera, Derartu Tulu und Haile Gebrselassie. Noch an der Gangway wurden sie mit Blütenketten umkränzt. Die Fahrt bis zum Stadion der Stadt, nur acht Kilometer lang, währte dann sage und schreibe drei Stunden. Die Begeisterung kannte keine Grenzen mehr. Die Menschen drängten sich nicht nur an den breiten Straßen, sondern auch auf den Bäumen, Brücken, Balkons und Dächern. Sie tanzten und sangen, wie es in Äthiopien überall bei großer Freude üblich ist. Polizisten begleiteten die Fahrzeuge auf Pferden und Motorrädern. "Es war unbeschreiblich", erinnert sich Haile heute noch mit einem gewissen Kribbeln auf der Haut. "Nach Atlanta war der Empfang schon fantastisch, doch der Empfang nach Sydney überstieg alles. Wir waren komplett überwältigt." Nicht nur Hailes zweiter Sieg ließ die Äthiopier überschwänglich feiern. Tulu, dem Mädchen aus dem Dorf Bokoji, das bereits in Barcelona die 10.000 m als erste Afrikanerin überraschend für sich entschied, gelang es nun nach acht Jahren abermals, die Goldmedaille zu erringen. Sie wurde von ihren Landsleuten zur "Running Queen" gekrönt. Abera Gezaghne hieß der dritte äthiopische Marathonsieger, ein besonders bewerteter Erfolg nach Mamo Wolde vor 32 Jahren und dem legendären Abebe

Auszeichnungen für Haile Gebrselassie: Weltathlet des Jahres 1998, Ehrenbotschafter der Vereinten Nationen, Träger des Olympischen Ordens, drei Ehrendoktor - würden (Dublin, Leeds, Jimma). In Addis Abeba eingeweihte Straße: Haile Gebrselassie Street, Ernennung zum Major der Polizei.

Bild Seite 62: Kurz vor dem Millimeter-Finale Gebrselassie - Tergat.

Bikila aus den 60ern.

Ein besonderer Stopp der mit Blumen überschütteten Fahrzeugkolonne wurde notwendig, als ein Transparent "Welcome Haile Home" entdeckt wurde, worauf der Held von Sydney vom offenen Wagen sprang und die Trägerin umarmte. Diese war keine Geringere als Alem. Mit ihr verbrachte er nach allen Empfängen dieses Tages eine Nacht allein in einem nicht benannten Hotel, ehe die Feierlichkeiten auch im Familien- und Freundeskreise fortgesetzt wurden. Äthiopier können, wie gesagt, ausgelassen und lange feiern.

Ein Monat später weihte der Ausnahmeläufer einen Kindergarten ein, den er bauen ließ. In Bahir Dar am Tanasee, dort, wo in der Nähe der Blaue Nil entspringt. Er gab ihm den Namen seiner Mutter "Ayalech". In Addis Abeba begründete er einen "Global Adidas Club", wo 35 der hoffnungsvollsten Lauftalente kostenlos und gut betreut trainieren durften. Auf seinen Spuren. Die "Stadt der neuen Blume" ehrte ihn, der in den Rang eines Polizeimajors befördert wurde, mit einer "Haile Gebrselassie Street", eine lang gestreckte Straße, früher nach Eritrea benannt.

Doch haben alle Ehrungen und Freudenfeste einmal ein Ende. Erst recht für einen, lass ihn nunmehr auch Nationalheld sein, der wohl oder übel unter das Messer eines Chirurgen muss.

Jahre des Hoffens und Bangens

Bevor Haile den richtigen Chirurgen fand, hatte er eine Europatour zu bewältigen. Jos Hermens managte einen Reiseplan zu Spezialisten nach Finnland, Frankreich und in die Schweiz. Das alles in wenigen Tagen, begleitet von Anton Engeles, dem bewährten Physiotherapeuten. In der Tasche des Olympiasiegers jede Menge Einreisevisa und Flugtickets. Haile, vieles an Strapazen gewöhnt, stand bald der Schweiß auf der Stirn. Als der Manager noch einige Doktoren mehr aus seiner Adressenkartei zauberte, winkte er entnervt ab. "Wollen wir nicht noch mal zum Schweizer Doktor, der hatte gute Argumente...", so Haile bittend, und Anton Engeles flog mit ihm nach Bern. Bei Dr. Peter kam er letztendlich auf den Operationstisch und damit seine Achillessehne unter das Chirurgenmesser - unter lokaler Betäubung.

Der Schweizer Doktor war danach zufrieden, verordnete leichte therapeutische Übungen und entließ seinen prominenten Patienten innerhalb von zehn Tagen, in denen der - wie er sich erinnert - die meiste Zeit im Bett gesessen und Bilder für Alem gezeichnet hatte.

In Addis Abeba warteten in der Einreisehalle Brüder, Schwestern und Frau ungeduldig auf den Heimkehrer. Als dieser bandagiert und auf Krücken durch die Passkontrolle humpelte, wurden alle aschweiß. Alem schrie vor Schreck: "Was haben sie mit dir gemacht? Nie wieder wirst du laufen können!" Haile lächelte zaghaft, verwies darauf: "Schaut, ich kann doch schon wieder gehen", und überzeugte sein Empfangskomitee schließlich davon, dass doch die Stöcke und Bandagen nur seine Genesung unterstützen sollen. "Ihr werdet sehen, bald renne ich."

Das häusliche Therapieprogramm des Berner Arztes sah sechs Wochen keinerlei Läufe vor, dafür Aquajogging, Radfahren,

Halbmarathon-Einstieg 2001: 26. August, Äthiopische Halbmarathon-Meisterschaften, 1:04:34, Platz 1. 7. Oktober, Halbmarathon-WM Bristol, 1:00:03, Platz 1.

Marathon-Wiedereinstieg 2002 14. April, London-Marathon, 2:06:35, Platz 3.

Bilder Seite 64: Stürmischer Empfang bei der Rückkehr aus Sydney. Einweihung einer neuen Straße.

leichte Gewichtsübungen. Haile kürzte es ab. Nach der Hälfte der vorgegebenen Zeit sah man ihn schon wieder herumrennen...

In seine neuen Wettkampfpläne nahm er die Weltmeisterschaften in Edmonton auf. Natürlich dachte er manchmal auch schon weiter, bis nach Athen 2004. Doch wie sich seine Laufbahn nach der Achillessehnen-OP tatsächlich entwickeln würde, wusste er lange Zeit nicht. "Gott wird mir helfen", sagte er sich manchmal, und als tiefreligiöser Amhare war er auch davon überzeugt. Hoffen und Bangen prägte die nächste Zeit.

Als er im August in Edmonton landete, musste er schon wieder ins Bett. Fieber. Doch als sich die Körpertemperaturen wieder normalisierten, ging er an die Starts. Das WM-Finale beendete er als Dritter. Trainer und Manager verbuchten das als guten neuen Einstieg nach nur drei Monaten Trainingszeit. Seine Fans zu Hause sahen das zum Teil anders: Geht die Zeit des Wunderläufers zu Ende? In den letzten vier Jahren hatte Haile Gebrselassie immer nur gewonnen, sieht man mal von zwei zweiten Mittelstrecken-Rängen ab - also sagenhafte 52mal.

Bald aber wurden seine Fans wieder zufriedener und verfolgten aufmerksam den Einstieg auf die Halbmarathondistanz. Der gelang anscheinend perfekt. Auf Anhieb Weltmeister in Bristol und ein Jahr später ein Sieg im berühmten, weil wohl weltflachsten Halbmarathon in Lissabon. Als dann bekannt wurde, dass der 10.000-m-Olympiagewinner einen Vertrag mit dem London-Marathon unterschrieb, schlossen die Ersten ihre Wetten ab: Haile steigt auf die Königsstrecke um. Im April 2002 probierte sich dieser nach 14 Jahren wieder auf der 42,195 Kilometer langen Strecke aus, nach vielen härteren und längeren Trainingstagen, und kommt als Dritter in Nähe des Buckinghampalastes an - in einer beachtlichen Premierenzeit von 2:06:35 Stunden. Und doch meldeten sich wieder die Stimmen in Addis Abeba, die da anfragten, warum der Superstar nicht auch dort gewann. "Damit musst du leben", meint Haile, "damit, dass die Leute glauben, du bist einer, der immer siegt, weil du oft gesiegt hast. Das ergeht anderen Sportlern nicht anders. Manchmal dachte ich schon, es ist besser nicht teilzunehmen als zu verlieren. Doch Niederlagen gehören nun mal dazu."

Zweieinhalb Monate später sollte er den Stundenweltrekord im niederländischen Hengelo brechen. Stattdessen brach er, und das bisher zum ersten Mal, einen Wettkampf ab. Muskelfaserriss.

War jetzt wirklich alles zu Ende? Wieder Hoffen und Zweifel. Ein halbes Jahr lang. "Haile", sagte da der Manager aus Holland, "es gibt tatsächlich einen Wettkampf über 10 km in den reichen Golfstaaten, bei dem geben sie eine Million Dollar für einen neuen Weltrekord aus." Gemeinsam sahen sie sich auf der Landkarte Doha an, die Stadt am Persischen Golf. "Nicht schlecht", meinte Haile und fand seinen Humor wieder. "Wenn die glauben, sie haben das Geld im Safe sicher, weil ich in letzter Zeit nicht mehr siegte, könnten sie sich auch geirrt haben." Und trainierte sechs Monate auf die Hauptstadt von Katar hin. Mit dem erhofften Erfolg. Fünf Sekunden blieb er an jenem frühen Dezembermorgen unter der bisherigen weltbesten 10-km-Zeit. Die Statistiker stritten sich, der wievielte Weltrekord von Haile Gebrselassie es war. Darüber machte der sich nun gar keine Gedanken, konnte er sich doch einen Riesenscheck aushändigen lassen, von dem noch viel für seine neue Handelsfirma übrig blieb, nachdem Tempomacher, Manager und Trainer ihren fest gefügten Anteil ausgezahlt bekamen. "Mehr als diese atemberaubende Summe", stellte er erleichtert fest, "war für mich vor allem eins: die Tatsache, dass ich wieder Selbstvertrauen fand."

Ein neuer Stern am äthiopischen Himmel

Unbekannt war er ihm nicht. Seit 1999 trainierte Kenenisa Bekele in der Gruppe von Dr. Woldemeskel Kostre, also in der Nationalmannschaft, zu der Haile inzwischen schon als "Nestor" zählte. Gleicher Trainer, gleicher Manager. Auch Kenenisa Bekele wurde von Beginn an von dem Niederländer betreut. Zum ersten Mal aber traf der Kaiser auf den neuen Prinzen erst im November 2001, da hatte sich dieser immerhin schon das erste Goldstück bei den Juniorenweltmeisterschaf-

Kenenisa Bekele. Geboren am 13. Juni 1982 in Bekoj (Provinz Arsi), 1,60 m groß, 54 kg. Olympiasieger 2004 über 10.000 m und 2008 über 10.000 m und 5000 m, Olympiazweiter 2004 über 5000 m, Weltmeister über 10.000 m 2003,2005, 2007; Cross-Weltmeister 2002 - 2006 und 2008. Weltrekorde: 5000 m 12:37,35 (31.5.04 Hengelo), 10.000 m: 26:20,31 (8.6.04 Ostrava), 26:17,53 (26.8.05 Brüssel).

ten im Crosslauf verdient. Der "Great Ethiopian Run" war dank Haile mit vielen Sponsoren in Addis Abeba ins Leben gerufen worden, damals noch direkt auf der Bole Road vor seinem neuen Handelshaus, und die erwarteten Teilnehmerscharen strömten dorthin. Der Doppelolympiasieger über 10.000 m lockte mit einer 10 Kilometer langen Strecke. Allein der Name Gebrselassie und ein buntes Finisher-Baumwollhemd brachten auf Anhieb Tausende Äthiopier auf die Beine. Vor allem, wie gewollt, Neulinge, doch dazu auch all die ambitionierten Läufer, die sich schon auf den Spuren ihres Vorbildes wähnten. Natürlich startete Haile bei "seiner" Premiere, und da alle erwarteten, dass er gewinnt, gewann er eben. Als drei Plätze hinter ihm Kenenisa Bekele durchs Ziel kam, ging er auf ihn zu und gratulierte ihm. Beide lachten sich an. Die Leute, dicht gedrängt an der erstmals abgesperrten, sonst dicht befahrenen Straße, klatschten Beifall.

Kenenisa wurde beim Fußballspielen entdeckt und zum Laufen überredet. Das bedurfte für den Sportlehrer in der Kleinstadt Bekoji keiner großen Mühe, war das Laufen in dieser Hochregion von Arsi, etwa 250 Kilometer von der Hauptstadt entfernt, das Natürlichste auf der Welt. Kenenisa hatte, ohne es zu wissen, sein späteres Idol schon als Schüler übertroffen. Haile musste am Tag 20 Kilometer zur Schule hin und zurück rennen - Kenenisa 24. Auch er hatte täglich mit dem Vater die Rinder auf die Weide zu treiben und mit der Mutter von fernen Wasserstellen das kostbare Nass ins Tukul, die runde strohbedeckte Hütte, zu bringen. Er gehört zu den stolzen Oromos, die, meist hoch gewachsen, beachtliche körperliche Voraussetzungen mit sich bringen. Als man Haile in Atlanta auf dem Siegerpodest ehrte, war Kenenisa Dreizehn. Vier Jahre später begeisterte er sich an dem aufregenden Sydney-

Finish mit Paul Tergat derart, dass er, der sonst so Zurückhaltende, schwärmte: "Als ich im Fernsehen Haile so tapfer gewinnen sah, wusste ich, das ist auch das, was ich will." Immer wieder von Presseleuten zu Haile befragt, gab er anfangs unumwunden zu, dass er so werden wolle wie der. Doch später umging er mehr und mehr die nicht endenden Nachfragen dieser Art und nannte dafür Derartu Tulu. Diese wuchs ebenfalls in Bekoj auf.

Der neue äthiopische Stern blinkte nicht nur, er strahlte sehr schnell in einem Glanz, den die wenigsten erwartet hatten. Nach Addis Abeba umgezogen, blitzte er in ungewohnter Schnelle. Wie ein Komet fegte er am Läuferhimmel entlang. Ein Weltmeistertitel im Cross nach dem anderen, mehrmals gleich beide, kurz und lang auf einmal. Aber auch auf der Straße und in den Stadien orientierte er sich problemlos. Das erste richtige Duell mit Haile, von ihm herbeigesehnt, kam im Jahre 2003 im legendären Hengelo zustande. In diesem zeigte er keinen Respekt, blieb nicht der Beobachter auf der Bahn, sondern suchte seinen Weg zu einer Entscheidung. Im Finish der 25 Runden erwies er sich als besserer Spurter und bezwang, wenn auch hauchdünn, so aber zum ersten Mal, seinen Helden.

Weltmeisterschaften in Paris 2003: 10.000 m: 1. Bekele 26:49,57, 2. Gebrselassie 26:50,77. Über 5.000 m wurde Kenenisa Bekele Dritter (12:53,12).

Derartu Tulu. Geboren am 21. März 1972 in Bekoj. 1,55 m, 44 kg. 1992 und 2000 Olympiasiegerin, Olympiadritte 2004, Weltmeisterin 2001 (jeweils 10.000 m).

Bild Seite 68: Kenenisa Bekele sorgt für Cross-Siege in Folge - hier bei der WM 2005.

Der zweite Sieg über Haile geschah in Paris und brachte ihm noch größere Schlagzeilen. Eine Zeitung schrieb: "Kenenisa Bekele lief seinem Mentor und viermaligen Goldmedaillengewinner mit solch Leichtigkeit davon, wie man sie nicht einmal vom ‚Kaiser' in seinen besten Zeiten erlebt hatte." Zwar verlor Haile seine Weltmeisterschaftskrone auf der 10.000 m-Heimdistanz, doch Äthiopien gewann dreifach. Einen derartigen Triumph hatte es noch nicht gegeben: Bekele - Gebrselassie - Sihine. Alle drei möglichen WM-Medaillen an die drei aus demselben ostafrikanischen Hochland. Der neue Running-Star Kenenisa Bekele war nun endgültig aus dem Schatten des Heroen Haile Gebrselassie gestiegen. Er setzte im Jahr darauf, noch in den Wochen vor Athen, zwei weitere Glanzlichter, nach denen ihn viele bereits als neuen olympischen Stern handelten. Innerhalb von nur neun Tagen brach er die Weltrekorde über 5000 und 10.000 m... "Ich glaube", so Kenenisa, dem sonst nie große Worte lagen, "es ist eine neue Ära angebrochen." Und fügte unumwunden hinzu: "Natürlich, ich will Olympiasieger werden, Hailes Nachfolger."

Jos Hermens charakterisierte den neuen Wunderläufer wie folgt: "Kenenisa ist anders als Haile. Er ist nicht so offen wie dieser. Redet nicht so viel, kalkuliert mehr. Hatte ich bei Haile mehr Zeit gehabt, ihm die Welt zu erklären, ihn Englisch zu lehren, einen gewandten Umgang mit den Medien zu erreichen, so ging das bei Kenenisa alles so schnell, dass er mit manchen Dingen nicht hinterher kam. Da entstand schon mal eine Verständnislücke. Vor allem in Geldangelegenheiten, worum sich Haile nie groß gekümmert hat, ist er sehr wendig. Er gehört eben zur jüngeren Generation." Einmal zeigte sich Hermens sogar euphorisiert: "Er ist nicht Jesus, er kann nicht über Wasser gehen. Aber auf der Erde ist er unschlagbar."

Und Haile? Seine Kommentare waren durchdacht und damit wieder typisch für ihn: "Wir können froh sein, so einen Läufer zu haben. Äthiopien kann sich glücklich schätzen, dass unser Läuferbrunnen nicht versiegt. Kenenisa hat die Zukunft vor sich, er ist jung und schnell, wie ich es auf der Bahn auch war." Dann fügte er hinzu: "Man kann doch nicht erwarten, dass ich auf ewig die Welt laufend beherrsche." Und nach noch einer Atempause: "Zumindest nicht auf der Bahn."

Als Kenenisa auf Haile wartete...

Athen sollte möglichst wie Paris werden. Schließlich waren alle drei Medaillensammler von der Seine für die Stadt an der Akropolis gerüstet. Kenenisa Bekele, Sileshi Sihine, Haile Gebrselassie. Ein Trio, wie es die Langlauf-Welt noch nicht gesehen hatte. Die äthiopischen Trainer und Funktionäre schoben in den Wochen vor den Olympischen Sommerspielen diese Namen auf der 10.000-m-Tabelle mit möglichen Zeiten wie auf einem Schachbrett hin und her. Dem Dauerrivalen Kenia wollten sie diesmal keinerlei Chancen einräumen.

diese Namen auf der 10.000-m-Tabelle mit möglichen Zeiten wie auf einem Schachbrett hin und her. Dem Dauerrivalen Kenia wollten sie diesmal keinerlei Chancen einräumen.
Es sollte ein wenig anders kommen.

Als Haile in das vor griechischer Augusthitze flimmernde olympische Dorf einzog, begann er wieder zu humpeln. Diesmal machte ihm die linke Achillessehne zu schaffen. Schon beim Gehen schmerzte sie. Haile war verzweifelt. Jedes Mal bei Olympischen Sommerspielen hatte er mit einer Verletzung zu kämpfen. In Atlanta die entzündete Zehe, in Sydney die rechte, nun in Athen die linke Achillesferse. "Mein Gott, womit habe ich das verdient?" Selbst Jos Hermens legte ihm nahe, zu bedenken, ob ein Startverzicht nicht besser täte. Doch Haile wehrte alle diese Einwände rigoros ab. Schließlich hatte er auch zwei olympische Finalrennen unter Schmerzen gewonnen. Zu Hause erwartete man viel von ihm, wie immer. Sogar der Präsident rief an, wünschte ihm Erfolg und fragte, wie es ihm gehe. "Fein", sagte Haile da, und keiner sah, wie er das Gesicht verzog.

Die Mannschaftsleitung fand sich zusammen und empfahl ihm eine neue Rolle im olympischen Finale. Er solle nicht auf Sieg laufen, sondern die beiden Kameraden im 25-Runden-Kampf um die vorderen Medaillenplätze unterstützen. Schweren Herzens stimmte er zu. Abschied von den Paris-Gedanken?

Olympia Athen 2004, 10.000 m: 1.Bekele (Äth) 27:05,10, 2. Sihine (Äth) 27:09,39, 3. Tadesse (Eri) 27:22,57, 4. Kiprop (Uga) 27:25,48, 5. Gebrselassie (Äth) 27:27,70. Meseret Defar gewann die 5000 m der Frauen in 14:45,65.

20. August 2004, Finale über 10.000 m im neuen Olympiastadion von Athen. Ausverkauft seit Monaten.

Ein weiterer schwülheißer Abend. Nichts Weltbewegendes auf den ersten elf Runden. Meist in der Folge Haile Gebrselassie, Kenenisa Bekele, Silieshi Sihine kontrollieren die Äthiopier das Feld. Das bleibt so bis zur Runde 18. Alles sieht nach einem Pariser Einlauf aus. Doch auf den letzten zwei Kilometern vergrößern sich Hailes Achillesschmerzen. Am Gesicht des Titelverteidigers, das er sonst entscheiden. Eine Situation, die beide bisher nie kannten. Kenenisa Bekele geht ein Risiko ein. Er will sein Idol nicht abgeschlagen sehen und dämpft das Tempo. Er "wartet" auf ihn. Selbst, als sich die Endkampfstimmung breit macht, schaut er noch nach Haile. Erst als er erkennen muss, dass dieser nicht mehr nach vorn gelangen kann, stürmt er auf und davon. Die letzten drei Runden sind ein Duell, das Kenenisa Bekele klar gegen Silieshi Sihine gewinnt. Haile überquert die Ziellinie als Fünfter und gratuliert sofort. "Gold und Silber für Äthiopien, das ist doch großartig." Über sich selbst sagt er nur: "Es war das Möglichste. Ich denke, ich habe mich heute einmal mehr überwunden." Kenenisa Bekele, der neue Olympiasieger, legt wenige Tage danach noch eine Medaille dazu. Nach 5000 Bahnmetern wird er mit Silber dekoriert. Zwei olympische Langlaufmedaillen für einen Äthiopier, das glückte zuletzt Miruts Yifter, jenem Mann, der einst den kleinen Haile am Radiogerät elektrisierte. Miruts war damals in Moskau 42 Jahre alt, Kenenisa in Athen mit 22 fast um die Hälfte jünger. Was für ein Land großer Lauflegenden…

Als Haile mit seinen Freunden wieder nach Addis Abeba heimkehrte, wollte ihn ein berühmter äthiopischer Sänger, wohl der beliebteste dieses Landes, mit einem Song trösten. Tedy Afro hatte mit seiner Band ein Lied über und für den dreimaligen Olympiastarter geschrieben, das die Herzen aller Äthiopier eroberte und das sie heute noch singen.

Aus dem Text des Liedes von Tedy Afro, geschrieben für Haile und die Olympiamannschaft von Athen:

Unser Volk hat uns gesegnet und verabschiedet und gab uns die Fahne unseres Landes in die Hände.
Es wäre eine Schande für uns und unser Volk, kämen wir ohne Goldmedaillen zurück.
(Sänger) Haile zu seinen Kameraden:
Ich habe versucht trotz Schmerzen zu laufen, um Mut zu geben. Jetzt haben wir großes Vertrauen in euch, macht so weiter, wie ich es tat.
(Sänger) Mitlaufender Äthiopier:
Es ist ganz schwer, ohne dich ans Ziel zu kommen.
Es ist ganz schwer, du bist der Vater meines Mutes.
Es ist ganz schwer, ich habe dich mit meinen Augen gesucht.
Es ist ganz schwer, wenn ich nach dir zurück schauen muss.
(Sänger) Haile: Lauf schnell, wir alle erwarten den Sieg.
Lauf schnell, unser Volk wartet auf diesen Sieg.
Lauf schnell, niemand soll vor dir sein.
Lauf schnell, deshalb schaut alle nicht zu mir zurück.

4.
Von laufenden Begegnungen

Wieder mal bei Haile

Im Alem Building an der Bole Road

Auf dem Weg zu den Entoto-Hügeln

Lauf in den Himmel

Meskel Square - der weltgrößte Sportplatz?

Auf den Spuren einer Kindheit

Ein paar Fragen in Hailes Heim

Wieder mal bei Haile

Ich hätte nie gedacht, dass mich dieses Land mit seinem Wunderläufer so in den Bann ziehen würde. Bereits einen Monat nach dem ersten Start einer deutschen Reisegruppe beim Abebe-Bikila-Marathon, bei dem ich selbst die Mühen der Höhe zu spüren bekam, landete ich wieder im Licht durchfluteten Glaspalast des äthiopischen Flughafens. Amanuel, der rührige Travelbürochef, lachte uns entgegen, als ich, leicht übermüdet, mit Christel, unserer Reisemanagerin, ins helle Addis Abeba trat. Nie geht es ohne ein "How are you?" ab, auf das stets ein "Fine" kommen muss, ehe zum Beispiel über die Turbulenzen der Boeing über der ägyptischen Westwüste ausgiebig geklagt werden kann. Wir wollten bei unserem zweiten Besuch ein paar spannende Reiserouten skizzieren und darin möglichst einen Marathon oder auch einen "Halben" einbinden. Den Platz für einen Schulbau hatten wir zu finden, ein Versprechen, das wir jener deutschen Läufergruppe gaben, die nach der ersten Haile-Begegnung durch ein Stück Äthiopien tourte.

Auf die Frage nach Haile und "Ist er in Addis?" brauchte Amanuel nicht auszuweichen. Er war da. Doch wo? Nach dem Einchecken ins Global-Hotel und - natürlich unumgänglich - einem echten äthiopischen Kaffee machten wir uns auf die Suche. Die Reihenfolge war mir klar, zuerst zum Alem Building. Dann Auskunft vom Park - wächter, der dem Chef täglich seinen Platz frei hält: Er ist noch nicht vom Training zurück. Wir fahren in Richtung der Megenagna-Hügel, wo die Leute vom "Athletic Village" reden, weil hier viele der international Erfolgreichen mit ihren Preis-

geldern schmucke Villen bauen lassen. Hinter den einfachen, aber zweckmäßigen Wellblechhütten, meist ummauert. Ein Kontrast, wie er eigentlich nicht größer sein konnte, doch tatsächlich kein Streitobjekt wurde, das Tausende der Armen auf die hügeligen Straßen brachte. Die Weltmeister und Olympiasieger sind Nationalhelden, verehrt, geliebt, gewürdigt. Götter des Laufens. Unantastbar und wiederum antastbar. Ein Haile Gebrselassie oder ein Kenenisa Bekele haben keine Bodygards nötig. Sie sind ein Stück Stolz geworden für das oft gebeutelte Land. Pflaster auf manche Wunden.

In der Hügellandschaft, wo sich also Hütten und Paläste türmen, verirrten wir uns, hielten an und fragten nach. Genau in diesem Moment schob sich ein alter Mercedes um die Kurve. "Da ist er, das ist Haile", freute sich der Junge in dem verblichenen Sporthemd und winkte seinem prominenten Nachbarn entgegen. Haile stoppte, lachte sein weltberühmtes Lachen und umarmte uns nach Landessitte, Schulter an Schulter. Er war auf dem Weg zum Training auf den Entoto-Hügeln. Kurzes Nachdenken. "Treffen wir uns in zwei Stunden im Büro?"

Dann geschah etwas Unerwartetes, das unser Gespräch abrupt beendete. Etwa 50 Meter oberhalb der unbefestigten Straße war ein Kind gefallen und schrie. Haile ließ uns stehen, rannte sofort im Sprinttempo zu der Kleinen, wischte ihr das Blut aus dem Gesicht und rief nach der Mutter. Erst als die gefunden war und er sich überzeugte, dass er das Mädchen nicht zu einem Hospital fahren brauchte, wandte er sich wieder uns zu. "Also, bis dann. Fein, dass ihr wieder hier seid."

Im Alem Building an der Bole Road

Die Bole Road kann man nicht verfehlen. Sie ist die Zufahrtstraße vom Flughafen ins Zentrum von Addis Abeba und so etwas wie das Aushängeschild der neuen, wachsenden Metropole Äthiopiens. Zahlreiche Hochhäuser, moderne Shops und

Die Bole Road (auch Africa Avenue benannt) beginnt am „Bole International Airport" im Südosten von Addis Abeba und endet am Meskel Square. Sie gehört zu den modernen Straßen mit vielen Shops, Restaurants, Bars, Cafés und Hochhäusern. Hier ist auch das Alem Building der Familie von Haile Gebrselassie zu finden.

Bild Seite 74: Haile zu Hause.

Cafés aller Art, Bistros und Salons prägen die breite Allee, die im Stadtplan auch als "Africa Avenue" angegeben ist. Der Verkehr fließt hier zäh und sucht sich meist einen kürzeren Umweg durch die unbetonierten Seitenstraßen. Dort zeigt sich wieder das gegensätzliche Bild der recht jungen Hauptstadt: die Behausungen der Ärmsten, in viel Grün versteckt, neben stattlichen Steinhäusern der Reicheren, oft Zaun an Zaun. Von Slums kann man nicht reden. An Sauberkeit ist Äthiopien wohl Spitzenreiter in Afrika. Kein Vergleich zu ghettoartigen Ansiedlungen in Südafrika oder Kenia. Im Parlament debattierten die Abgeordneten über das Unwesen von Plastiktüten: Sollen wir ihre Einfuhr unterbinden oder begrenzen?

Das Alem Building der Gebrselassies setzt sich aus gegenüber liegenden Hochhäusern zusammen. Das vordere war zuerst erbaut. Als wir Haile antrafen, diesmal im tiefschwarzen Trainingsanzug, der seine Gesichtsfarbe noch dunkler erscheinen ließ, lud er uns zu einer Führung durch sein Domizil ein. Fast unter der Erde der "Alem Healths Club", ein Fitnesscenter mit modernsten Kraft- und Ausdauergeräten, mit einer Duschanlage, die er oft nach dem Training selbst gern nutzt, und einer Sauna. Darüber, zur Straße hin mit Terrasse, das "Olympia-Cafè", von seinem Bruder Zergaw bewirtschaftet. An den Wänden Haile-Bilder von Atlanta und Sydney. Hier einen freien Tisch zu finden, scheint schwierig zu sein. Jeder, der diesen populären Ort aufsucht, hofft, auch den Hausherrn anzutreffen. Gelingt das, wird man diesen nie einem kurzen Gespräch oder gemeinsamen Foto ausweichen sehen. Haile kann nicht nein sagen, genießt aber auch seine Popularität. Die Stockwerke bis zum neunten sind vorwiegend von Firmen belegt: ein Flugbüro der

Ethiopian Airlines, eine Bank, eine Versicherungsagentur, eine Computerwerkstatt...

Dem Sieger des Hamburg-Marathons von 1993, Richard Nerurkar, hat Haile ein Büro eingerichtet, von dem aus dieser seine Ämter als Renndirektor des "Great Ethiopian Run" und des "Girls Race", auch als "Womens First Run" beworben, führt. Beide Rennen sind mit zigtausenden Startern die teilnehmerstärksten Volksläufe des afrikanischen Kontinents. Die neunte Etage gehört allein der Gebrselassie-Familie. Auf der linken Flurseite ist deren Firma mit dem Schild "Haile & Alem International PLC" ausgewiesen. Hier regiert vor allem Alem. Haile hat sein Geld in vielen Unternehmungen angelegt: Bau von Häusern verschiedener Kategorien, Schulprojekte in ländlichen Regionen, An- und Verkauf von Geländewagen. Von hier werden Aktionen gesteuert, gegen Aids, Hunger und Katastrophen. Es entstand sogar ein Urlauberhotel.

Gegenüber öffnet sich die Tür zu Hailes Büro. Wer es erreichen will, muss es natürlich Stufe für Stufe erklimmen. Höhen-Neulinge wie wir kommen da schon außer Puste. "Der kleine Aufzug dort", erläutert unser Gastgeber mit einem Zwinkern in den Augen, "ist nur für Behinderte und schwangere Frauen." Im Bürovorraum thront Hailes Sekretärin, eine gut gekleidete stattliche Person, die im Gegensatz zu fast allen anderen Äthiopierinnen eine ernste Miene macht. Wahrscheinlich als erstes Abschreckungsmittel. Nicht ganz unverständlich. Denn Leute aus dem In- und Ausland geben sich hier täglich die Klinke in die Hand, um den Nationalhelden zu bestaunen. Sie müssen sich meist mit den Bildern an den Wänden zufrieden geben, Haile-Läufe aus aller Welt. Auf dem Schreibtisch ein breiter Wochenkalender, prall voll mit Terminen, daneben Telefone. Wer überwindet diesen Bereich?

Wir durften in das Heiligtum und von dort aus auf die Dachterrasse. Welch ein beeindruckender Panoramablick auf die höchst gelegene Hauptstadt Afrikas. Welche unendliche

Der „Great Ethiopian Run" ist Afrikas teilnehmerstärkster 10-km-Lauf, von der internationalen Marathonföderation AIMS zertifiziert. Der Spendenlauf unter Schirmherrschaft von Haile Gebrselassie findet alljährlich im November statt und unterstützt Waisenkinder. Auch gibt es in Addis Abeba einen Frauenlauf („Women's Race") über 5 km, meist im März/April.

Bild Seite 76: das Alem Building.

Weite, welche Farbtupfer, welch dichter Verkehr. Addis Abeba scheint dem Kaiser Haile Gebrselassie zu Füßen zu liegen.

Der zweite Hochhausbau war bei unserem Besuch noch nicht beendet. In Betrieb genommen werden konnte aber schon das Kino mit 300 Sitzen, "das erste private Kino in Äthiopien", wie Haile immer wieder gern betonte. Die Art der abgespielten Filmstreifen wollten wir erfahren. "Lustige natürlich. Ich liebe wie die meisten meiner Landsleute Filme, bei denen man lacht." Hin und wieder wird auch der Haile-Film "Endurance" vorgeführt, nach den vielen Jahren seiner Erstaufführung immer noch ein Kassenschlager.

Den typischen starken Kaffee, wir würden Espresso sagen, tranken wir mit Haile in "Alem 2". In einem der mit Sesseln und niedrigen Tischen geschmackvoll eingerichteten Klubräume. Äthiopien gilt ja als Ursprungsland des Kaffees, der im 6. Jahrhundert in der Provinz Kaffa entdeckt wurde. Nach der Legende erschrak ein Hirte über seine Ziege, die nach dem Fressen einer Bohnenart zu tanzen begann. Ein Mönch benutzte dann diese Wunderbohne, um für die Zeit des Nachtgebets wach zu bleiben. Händler reisten daraufhin nach Kaffa, rösteten diese und machten sie bald in arabischen Ländern bekannt. Zuerst für uns ein wenig gewöhnungsbedürftig, lernten wir selbst den Genuss des äthiopischen Nationalgetränks schätzen. Mit viel Milch zum Beispiel.

Haile nahm sich Zeit. Zu seinen Plänen hielt er sich verhalten. Der Umstieg auf die Marathondistanz war kein Geheimnis mehr, nach seiner zweiten Achillesoperation bereitete er sich körperlich und mental auf den Amsterdam-Marathon vor. Berlin könnte er sich gut vorstellen: "Ich weiß, die Strecke ist flach und lässt Rekorde zu." Überhaupt habe er nur gute Erinnerungen an Berlin - Ekiden-Staffel, Istaf-Sportfeste. "Nur gesehen habe ich von eurer Stadt wenig."

Was es Neues bei uns gebe, wollte er wissen. Christel, die ihn schon vorher für ein Trainingscamp mit deutschen Läufern gewonnen hatte, erzählte. Über den neuen Reichstag, das Brandenburger Tor, den Gendarmenmarkt, den neu gestalteten Pariser und den quirligen Potsdamer Platz und noch von vielem mehr. Nebenbei legte sie ein Foto auf den Kaffeetisch, das ein riesiges nikaraguanisches Kunstbild an einer Berliner Häuserwand zeigte, für dessen Erhalt sie persönlich eine Spendenaktion initiierte. "Das ist ja großartig!" reagierte Haile, griff spontan in seine Brieftasche und steuerte eine nicht unbeträchtliche Anzahl äthiopische Birr dazu. So ist er. Erzähle mal einem millionenschweren deutschen Manager beiläufig von solch einem Engagement. Er wird dich vermutlich nur loben...

Seitdem ist übrigens auch Haile Gebrselassie in Berlin-Lichtenberg sichtbar als einer der Spender vermerkt.

Auf dem Weg zu den Entoto-Hügeln

Wer zu den höchsten Erhebungen am Rande Addis Abebas will, muss durch die gesamte Stadt. Nachdem wir den Meskel-Platz überquert haben, biegen wir in die breite Avenue ein, die nach dem Kaiser Melenik II. benannt wurde, eine Allee duftender Bäume. Hier ist die Afrika-Halle zu sehen, Sitz der UN-Wirtschaftskommission für Afrika. Vorbei am Kaiserpalast, der heute Regierungssitz ist und in seiner reizvollen Umgebung leider kein Fotografieren zulässt, weiter die King George Street entlang bis zum Löwen-Zoo, den Löwen-Fan Haile Selassie eingerichtet hatte. Dann beginnt auch schon die Entoto Avenue mit der Addis-Abeba-Universität.

Äthiopien zählt zu den zehn ärmsten Ländern der Welt. Nach Berechnung der Weltbank betrug das Volkseinkommen je Einwohner im Jahr 2003 in Deutschland 25.250 $, das in Äthiopien 90 $ (inzwischen 2007: 150 $).

Das liest sich, als wenn man im Nu durch die City kommt und überall eine wundervolle "Neue Blume" bewundern kann. Addis Abeba hat schon seine Schönheiten, aber auch viele Schattenseiten, ist in den nicht viel mehr als 100 Jahren Geschichte immer noch eine Stadt der Kontraste, eine Stadt, die man oft erst auf den zweiten Blick entdeckt und liebt. Dann aber andauernd. Bei den unumgänglichen Staus strecken Frauen mit Babys, kleine und größere Straßenkinder, Krüppel und Obdachlose den Autofahrern ihre Hände bettelnd entgegen. Ein täglicher Kampf ums Überleben. Wenn ein sechs- bis

achtköpfiger Haushalt im Monat 400 Birr, etwa 40 Euro, zusammenträgt, wird er gerade mal satt. Da leidet manch Fremder schon an diesen Kreuzungen der Armut, denkt an die eigene Lebensweise und weiß nicht, wem und wie oft man einen Birr hinausreichen soll. Wer immer wieder in solche Situationen gerät, lebt nicht mehr mit sich im Reinen. Auch wenn keiner der Armen und Ärmsten je das Lächeln verloren zu haben scheint. Wege zwischen Himmel und Hölle.

Die kurvenreiche Straße hinauf zum Gipfel der Entoto-Hügel erzählt von weiteren Qualen. Mädchen und Frauen schleppen auf ihren Schultern Brennhölzer aus den noch verbliebenen Eukalyptuswäldern, einen halben Zentner vielleicht für einen oder zwei Euro am Tag. Wenn sie es zweimal am Tag schaffen, haben sie von früh bis abends 30 Kilometer zurückgelegt. Die Olympiasiegerin über 5000 m von Athen, Meseret Defar, kennt diese Schufterei. Sie ist als einzige äthiopische Weltklassesportlerin am Rande von Addis Abeba aufgewachsen. Sie lief diesen Lasten schließlich davon, weil sie berühmt und reich werden wollte wie Derartu Tulu. Obwohl es ihren Eltern nicht recht war, rannte sie mit den Nachbarmädchen um die Wette und zog sich das einzige Paar Laufschuhe an, dass eigentlich ihren Brüdern gehörte.

Auf dem Gipfel, 3000 m hoch, präsentiert sich ein einzigartiger Rundumblick auf die weit gefächerte Hauptstadt, deren Grün erst hier oben auffällt. Wie viele Bewohner sie beherbergt, vermag mir keiner genau zu sagen. Geschätzt werden 5 Millionen. Es könnten auch mehr sein. Die dünne Luft ist zu spüren, die Kühle mitten im Juni aber auch. Auf dieser höchsten Erhebung hat ein Maler seine Hütte aufgeschlagen. In ihr reihen sich an den Wänden Aquarelle und Ölbilder aus Kulturen verschiedener äthiopischer Stämme. Die Preise sind moderat, der Künstler freut sich über jede Plauderei und erzählt, dass er sein Blechhäuschen zum Kultur-Café ausgestalten will. Ich nehme ein Bild mit, das mich an die Wege zum Entoto-Top erinnern soll - das einer Lastenträgerin.

Kaiser Menelik II.

Lauf in den Himmel

Auf den Entoto-Hügeln begründete Menelik II. die Hauptstadt Äthiopiens. Das war erst 1892. In der St. Maryam-Kirche, unweit vom Gipfel, wurde er einst zum Kaiser gekrönt. Heute hat sie einen weiträumigen Parkplatz, auf dem nicht nur die gut betuchten Hauptstädter ihre Wagen abstellen, sondern auch die Laufelite des Landes.

Sie trifft sich in den frühen Morgenstunden, oft noch eingemummelt in ihren grüngelbroten Anzügen, bei einstelligen Temperaturen. Die Sonne blinzelt da gerade über die Berge. Nach ausgiebigen Stretchingprogrammen laufen die Langstreckler ihre Kilometer quer durch das Entoto-Gelände, auf Höhen zwischen 2500 und 3000 m. "Es ist ein Lauf in den Himmel", schmunzelt Marathontrainer Dr. Yilma Berta und meint das zweideutig.

Der Frage nach einer "normalen" Trainingswoche von Haile Gebrselassie weicht er nicht aus. Ich erfahre, dass sich die Marathonläufer früh jeweils um 7 Uhr, nachmittags um 16 Uhr einzufinden haben und notiere Hailes Programm:

Montag früh Crosslauf 1:50 h, das ergibt etwa 28 km; nachmittags noch mal eine Stunde durch den Wald - 18 km.

Dienstag: früh 20 km in 1:20 h, nachmittags Gymnastik.

Mittwoch: früh zwei Stunden Grasläufe, 32 km; nachmittags leichtes Training für 1 ½ Stunden, 18 km.

Die Entoto-Hügel befinden sich im Norden von Addis Abeba, von ihrem 3000 m hohen Gipfel bietet sich ein fantastischer Ausblick auf Addis Abeba. Diese Berge waren Ursprung der Hauptstadtgründung, als hier Kaiser Menelik II im Jahre 1878 ein Lager errichten ließ. 1891 löste Addis Abeba als „Neue Blume" Entoto ab.

Bild Seite 80: Auf dem Gipfel der Entoto-Hügel präsentiert ein Künstler, Washilum Asuake, eine kleine Gemäldegalerie.

Donnerstag: nur früh leichtes Training über 1 ½ Stunden, etwa 22 km.

Freitag: früh Straßenlauf über 30 km, in mittlerem und hohem Tempo; nachmittags Ruhe.

Sonnabend: früh leichtes Crosstraining, 15 km in1:20 h.

Sonntag: 8 Uhr: leichter 15-km-Lauf. Summa summarum in dieser Woche 218 km. Ein hartes Training, das in bestimmten Perioden gesteigert werden muss.

Was zeichnet Haile Gebrselassie nach Meinung seines Entdeckers und Trainers aus? "Eine immer wiederkehrende Frage", sagt Berta und stellt einige Eigenschaften zusammen, die er neben Talent, körperlichen Voraussetzungen und einem harten Training ständig im Hochland für die wesentlichsten hält: "Haile ist sehr diszipliniert, äußerst pünktlich, respektiert Trainer und Training, ist im Kopf klar, kann einfach mit allen Leuten umgehen, kein Nasehoch. Ihn mögen alle." Haile ist bekannt für sein vielseitiges und umfangreiches Stretching und dem Ausprobieren aller möglichen und unmöglichen Übungen. "Wer springt schon regelmäßig Seil oder fährt liegend auf dem Fahrrad?"

Dr. Woldemeskel Kostre, der langjährige Leichtathletik-Chefcoach der Nationalmannschaft, hat im Wesentlichen das Training der äthiopischen Langlaufelite geprägt. Seine Regentschaft war hart, streng, "fast militärisch", drückte es mal Haile aus. Kostre selbst: "Härte ist die Voraussetzung für Disziplin, und Disziplin ist die Voraussetzung für einen guten Athleten. Eine Verpflichtung, die wir alle wählten." Mit dem Blick auf den Nachbarn und Dauerkonkurrenten Kenia ur-

teilt er: "Dort gibt es zu viel Demokratie, zu viele einzelne Interessen, und die schaden schließlich." Teamgeist und Nationalgefühl seien Stützen für den Erfolg.

Wer der Nationalmannschaft angehört, muss in Addis Abeba leben und am gemeinsamen Training teilnehmen. Mindestens zwei Mal in der Woche laufen alle Teams, Männer und Frauen. Sechs Wochen vor einem internationalen Höhepunkt bleiben die Athleten ihren Familien fern. Das Hotel "Ararat" an den Entoto-Hügeln ist dann das Zuhause. Ein Besuch in dieser kleinen, aber sauberen und gut gepflegten Herberge, etwa einem europäischen 3-Sterne-Niveau einzuordnen, lohnt allein der beeindruckenden äthiopischen Lauf-Historie wegen, die die Wände ziert. Von hier aus steigen die Trainingspfade immer weiter nach oben, durch kleinere Aufforstungen, bis zur 3000-m-Höhe. Wer die Anforderungen nicht bewältigt, fällt unweigerlich zurück und scheidet aus. Wer sich aber durchsetzt, ist reif für Rekorde.

Tolossa Kotu hatte 2004 den Cheftrainerposten von Dr. Kostre zeitweilig übernommen. Er ist jener Mann, der Kenenisa Bekele entdeckte und zum Olympiasieg führte. Er unterstreicht Kostres Einschätzungen und betont noch einmal: "Wir Äthiopier sind disziplinierter als die Kenianer und bauen auf ein natürliches Training vor wissenschaftlichem Hintergrund. Die Kenianer laufen vor allem um Preisgeld. Wir für unser Land."

Äthiopien bietet ein tägliches Höhentraining. Gleich ob im Addis-Abeba-Stadion, dem einzigen mit Tartanbelag, im Crossgelände der Pferdebahn von Janmeda, auf den asphaltierten Straßen außerhalb der Hauptstadt oder eben kreuz und quer durch die Berge. Haile sieht es so: "Das Laufen in dieser Höhe ist für uns ein Vorteil. Das Training hier ist intensiver. Wenn wir dann in der Ebene die gleiche Kondition wie im Hochland haben, sind wir schnell. Ein Flachländer braucht schon zwei Wochen, bis sich der Körper an unsere Höhen gewöhnt hat."

Running-Möglichkeiten in Addis Abeba: das Addis-Abeba-Stadion (auch „Central Stadium" genannt), der Meskel Square, die Galopprennbahn Janmeda, die Entoto-Hügel, die Straße Nr. 1 nach Sendafa, das Gelände am Sporthotel „Ararat".

Bild Seite 82: Marathontraining auf den Entoto-Hügeln.

Nach den "Läufen in den Himmel" treffen sich die Kenenisa, Derartu, Meseret und Haile noch einmal am Teestand auf dem Parkplatz nahe der kleinen, aber prunkvollen Maryam-Kirche, mummeln sich wieder in die Trainingsanzüge und fahren mit ihren Autos nach Hause zum Duschen. Fortsetzung am Nachmittag...

Meskel Square - der weltgrößte Sportplatz?

Wo die eigentliche City beginnt, breitet sich der gewaltige Meskel Square, der Kreuz-Platz, aus. Früher hieß er Abiot Square, und viele nennen ihn noch heute so: "Revolutions-Platz". Hier prangten die überdimensionalen Bildnisse von Lenin, Marx und Engels zur Zeit des Mengistu Mariam. Der Platz fasst 100 000 Menschen, so dass er für den Great Ethiopian Run im November mit 30 000 Volksläufern ein ideales Startgelände abgibt. Hier wird zu Beginn des äthiopischen Frühlings am 27. September ein großer Scheiterhaufen mit einem Kreuz an der Spitze abgebrannt, das an die Auffindung und Rückeroberung des Heiligen Kreuzes erinnern soll.

Hier trifft sich täglich das Laufvolk von Addis Abeba.

Tesfaye von unserer Partner-Reiseagentur riet mir, mit ihm am zeitigen Sonntagmorgen zum Meskel Square zu fahren. Im Morgengrauen stand ich mit meiner Kamera wohl zu zeitig vor dem Hoteleingang, ich musste warten. Doch was sich bereits zu dieser frühen Stunde in der noch morgendämmrigen Stadt abspielte, war für mich überraschend. Ununterbrochen joggten Männer und Frauen die halbdunklen unebenen Straßen entlang, in Trainingsanzügen ebenso wie in nor-

maler Kleidung, in Sportschuhen ebenso wie in Halbschuhen. Einige unterbrachen ihren Morgen-Run und setzten zu gymnastischen Übungen an. Tesfaye, inzwischen mit seinem Toyota-Jeep angelangt, lachte nur. "Na komm erst mal zum Square."

Wenig später stand ich vor den Tribünen des Kreuz-Platzes und traute meinen Augen kaum. Ich verhehle nicht, dass ich im ersten Moment sprachlos war. Auf meinen Reisen hatte ich schon viel erlebt und gesehen. Massen an meditierenden Frauen und Männer mit kämpferischen Posen in China, unzählige Konditionsgruppen auf den Finnbahnen in Skandinavien, Hunderte von Joggern im Central Park von New York. Doch diesen Anblick musste ich erst einmal verarbeiten. Der Platz, über den normalerweise ein recht lauter und abgasreicher Fahrzeugverkehr rollt, war zum großen Teil abgesperrt. Hier dehnten sich nunmehr zahlreiche improvisierte Fußballfelder aus. Den Blickfang aber bildeten die Traversen des Platzes, die sich wie ein überdimensionales Amphitheater anschauten. Dort oben, wo nach Angaben der Stadtführer 3 000 Personen bei Festen stehen, liefen Jung und Alt zu Hunderten. Jede der vielen ansteigenden breiten Stufen konnte für gut 400 Laufmeter genutzt werden. Hin und zurück, hin und zurück. Dazwischen Gruppen mit speziellen Gymnastikprogrammen und Treppenläufen, meist lautstark von einem Zählmeister dirigiert. Die Kleidungsstücke erfassten alle Farben und Materialien. Von neuen und abgetragenen Trainingsanzügen bis zu kurzen und langen, meist verschlissenen Hosen, Pullis, viel getragenen Hemden mit den Sportfirmenlogos aus aller Welt und Schuhen, wie sie jeder so besaß. Als ich mich mit meinem Fotoapparat zwischen die Laufenden, Übenden und Springenden drängte, wurde ich durchweg freundlich angeschaut, doch ohne dass sich die meisten Meskel-Athleten stören ließen. Sie waren wohl zwischen 15 und 25, vielleicht noch 30, wenig Ältere. Doch alle auf den Spuren ihrer Helden.

Meskel Square (Kreuz-Platz), früher Revolutionsplatz. Hier wird am 27. September mit dem Abbrennen eines großen mit einem Kreuz geschmückten Scheiterhaufens das bedeutendste Frühlingsfest gefeiert. Das riesige Areal wird täglich von hunderten Volks - sportlern genutzt.

Bild Seite 84: Training am Kreuz-Platz, dem Meskel Square

Einer sprach mich an, wenn ich mich recht erinnere, hieß er

Amare, 23jährig. Er wollte wissen, woher ich komme. Germany, ja da würde er auch mal gern sein. Dort seien ja alle reich. Laufen? Ja, meinte er, dort laufen und auch ein wenig leben, besser leben. Er sei dabei, Konstrukteur zu werden. Ihm fehle zurzeit eigentlich alles, was man brauche, um bisherige 35 Minuten für 10 Kilometer zu verbessern, alles, von guten Laufschuhen bis zu Shirts und Shorts. Warum trainieren hier so viele, täglich oft und so begeistert? "Sie wollen alle so werden wie Derartu Tulu oder Haile Gebrselassie, berühmt und reich." Beim Nennen der Namen glänzen nicht nur auf dem Mesel Square, dem vielleicht größten Sportplatz der Welt, die äthiopischen Augen. Der Name "Haile", so fiel mir spätestens hier ein, hat wohl auch etwas mit "Heiligtum" zu tun.

Tesfaye steuerte mich noch nach Janmeda, dem einstigen Feld von Kaiser Janhoy. Das ist, so erklärte er mir, das einzige große Gelände in Addis Abeba, das nicht bebaut wurde. Es wurde einmal als Pferderennbahn eingerichtet. Hier fanden und finden aber auch die Championchips der afrikanischen Crossläufer statt, und sonntags nutzen die Fußballbegeisterten und Jogger das Trackfield. Wie auf den Traversen des Meskel-Platzes fielen mir hier die vielfältigen ausgeknobelten Gymnastikübungen auf. Einer zählt laut und schreibt gewissenhaft die geleisteten Aufgaben auf. Sprünge und Liegestütze gehören dazu. Sonntag ist ein Sporttag vom Sonnenaufgang bis zum Sonnenuntergang.

Als ich wieder in unseren Geländewagen einstieg, wollte mein umsichtiger Betreuer einen Eindruck von mir wissen. Ich erzählte ihm, dass wir in Germany zwar eine recht große Laufbewegung haben, aber kein so formbares Laufpotential wie in diesem, seinem Land. "Vielleicht seid ihr zu reich und das macht bequem?" überlegte er schließlich.

Ich zuckte nur mit den Schultern. Was wird sein, dachte ich, wenn, was wir eigentlich hoffen und wünschen, Äthiopien einmal nicht mehr zu den ärmsten Nationen gehören wird?

Auf den Spuren einer Kindheit

Andy, seit mehr als zwei Jahrzehnten einer der kundigsten Fremdenführer, und Tesfaye, ein Kraftfahrer, der sich weder von einem chaotischen Stadtverkehr noch von Rinder- und Schafherden auf den Landstraßen beeindrucken lässt, begleiteten mich nach Asela. Es war ein lang gehegter Wunsch, jene Gegend kennen zu lernen, in der Haile Gebrselassie aufwuchs. Vielleicht würde ich sogar noch seinen Vater antreffen?

Bis Nazaret im Süden drängten wir uns zwischen LKW-Schlangen, aber auf einer durchweg gut asphaltierten Fernstraße, die, würde man sie bis zur äthiopischen Grenze nutzen, nach Kenia führt. Doch danach holperten wir noch an die 90 Kilometer weit bis zum Ziel. Die Straße nach Asela und weiter nach Bekoji wurde gerade durch Straßenarbeiter befestigt. Mit UN-Mitteln. Immer wieder mussten wir nicht nur Eseln und Rindern, sondern auch Schlaglöchern über Nebenweidewege ausweichen. Meine Begleiter nahmen das gelassen und machten mich lieber auf Merkwürdiges aufmerksam. Auf die rote Erde zum Beispiel, die so eisenhaltig wie das Wasser im Arsi-Hochland ist. Auf Teff, das Getreide der Region, ebenfalls mit Eisengehalt. Asela ist ein bedeutendes Anbaugebiet für Weizen und Gerste, Getreidesorten, die in Äthiopien seit Jahrhunderten kultiviert werden. An manchen Dorfhütten prangten Schilder mit einem selbst gemalten Becher oder Teller zum Beispiel. Zeichen für die Fernfahrer: Hier kann man Wasser oder Cola trinken oder auch eine Injera speisen.

Äthiopien liegt durchschnittlich 1200 m hoch, so dass angenehme Temperaturen vorherrschen. Im Hochland der Arsi-Region befinden sich Berge bis 4000 m. In diesem Gebiet der Oromo-Stämme wurden viele spätere Weltklasseläufer entdeckt.

Asela selbst ist ein unscheinbares Städtchen, mehr ein großes Dorf, doch immerhin die Hauptstadt dieser Region, in der die große ethnische Gruppe, die Arsi-Oromos, zu Hause ist. Am Rande des Ortes, so erkundete Andy, wohnt Hailes Vater. Hinter einem hohen Bretterzaun ragten zwei Sattelitenschüsseln hervor, ansonsten ein recht bescheidenes Anwesen. Ein Bruder, der in Asela mit finanzieller Unterstützung Hailes ein

gut gehendes Restaurant eröffnete, schickte uns in das Pflegeheim, dort sollte Vater Gebrselassie gerade einen kranken Freund besuchen.

Als wir ihn dort antrafen, begrüßte er uns zwar distanziert, aber nicht unfreundlich. Ich muss das erwähnen, weil ich aus Erzählungen wusste, dass er neugierige Journalisten noch nie mochte und einem sogar kurzerhand die Tür vor der Nase zugeschlagen hatte. Andy musste wohl gute Worte für mich eingelegt haben, für den "Ferendschi", den Fremden, der aus Germany angereist war. Wie es ihm gehe, dem 80jährigen Gebrselassie Bekele? Mit 50 sei er noch stark wie ein Baum gewesen, dann erkrankte er an Asthma, das bis heute nur noch heftiger wurde. Ich fragte ihn nach Haile. Erst wehrte er ein wenig verbittert ab: "Der gehört doch längst euch, nicht mehr mir." Dann aber erzählte er stolz, dass er erst vor drei Tagen wieder mit dem Bus in Addis Abeba war und Haile eigentlich jeden Monat mindestens einmal besucht.

War es eine sehr schwere Zeit damals auf dem Dorf? Er schüttelte heftig den Kopf: "Wir arbeiteten zwar hart, aber wir waren nicht arm. Wir hatten viele Felder, auch genügend geerbt. Wir waren eine glückliche Familie." Ja, er war ein strenger Vater. "Aber alle Kinder habe ich zur Schule geschickt, und alle helfen mir heute." Auf 13 Kinder, mit zwei Frauen, habe er es gebracht, eins davon ist gestorben. Die Zahl der Enkelkinder konnte er uns nicht auf Anhieb nennen. Das Gespräch mit Vater Gebrselassie wurde allmählich lockerer. Er schlafe viel, blicke auch mal in den Fernseher, den ihm Haile kürzlich bringen ließ, oder er verreise, wie gesagt, nach Addis. Schließlich verriet er, dass er zwar in seinem Leben nie das Lesen und Schreiben lernte, aber inzwischen seinen eigenen Namen auf das Papier bringen kann. Und so schrieb er ihn langsam und bedächtig in mein Notizbuch: Bekele.

Dann begaben wir uns auf Suche nach den Spuren jenes Dorfes bei Arsi, in dem die Gebrselassies aufgewachsen waren. In 2000 bis 2800 m Höhe. Tesfaye musste seinen Jeep bald auf dem Feld stehen lassen, wir gingen zu Fuß weiter. Der Weizen wurde heftig gedroschen, zwei bis drei Ernten sind auf dem Hochland möglich. In größeren Abständen thronten die Tukuls, die runden Bauernhütten. Die Wände sind aus Akazien- oder Eukalyptushölzern, Gras wird für die Abdeckungen genutzt, Bambus für das Dach, Asche und Kuhfladen für den Boden und zum Verputzen. In einem solchen Tukul gibt es eine offene Kochstelle, einen Schlaf- und Wohnplatz und einen abgeteilten Raum für junge oder kranke Tiere. Kein Licht, keine Fenster, kein Wasser.

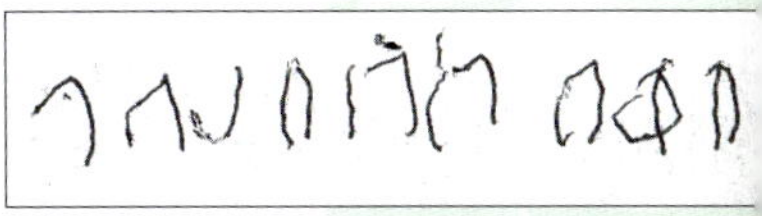

Das „Autogramm" von Hailes Vater BEKELE

Die Gebrselassie-Familie besaß zwei Hütten, eine davon war nur als Küche genutzt. Schon das galt als gewisse Wohlhabenheit. Andy versuchte mit einigen älteren Bauern jene Stelle zu bestimmen, wo ihre Tukuls standen. Da noch jener große, weit verzweigte Baum gefunden wurde, in den sich Haile manchmal vor den Schlägen des Vaters flüchtete, konnten wir uns endlich auf einen Platz einigen.

Bilder Seite 88: Vater Gebrselassie Bekele. Die Landwirtschaft wird heute noch betrieben wie zu Vaters und Großvaters Zeiten.

Vor unserer Rückfahrt suchten wir noch die Schule auf, in die er täglich lief, mit den Heften unter dem Arm. Flache saubere Gebäude, von denen der einstige Schüler nach seinem ersten Olympiasieg viele erneuern und erweitern ließ. Die Direktorin hatte nichts gegen einen Rundgang, bedauerte, dass die beiden noch aus der Haile-Schulzeit stammenden Lehrer heute keinen Unterricht geben. Wir entdeckten Fotos und ein paar Zeitungsausschnitte an den Klassenwänden, mit denen einige der Wege ihres berühmten Schülers von Asela in die Welt verfolgt werden.

Ein paar Fragen in Hailes Heim

Haile hat nie Zeit. Das ist verständlich. Zweimal täglich Training, einmal am Tag im Bürohochhaus, zahlreiche Ehrenmitgliedschaften, Einladungen, die er nicht ausschlagen kann, Wettkampfreisen. Und nun auch noch ich. "Haile, ich brauche mal eine Stunde oder etwas mehr. Du weißt schon, einige Fragen."

Vorsichtiges Herantasten am Telefon. In solchen Situationen kann er nicht nein sagen, das widerstrebt seinem Wesen. "Gut, wir treffen uns um zwei in meinem Haus, o.k.?"

Das Wiedersehen war herzlich, Haile diesmal in weißer Trainingsjacke, frisch geduscht und, wie immer, in bester Laune. Mein Aufnahmegerät störte ihn nicht, wir unterhielten uns frei weg, und lediglich wegen eines Schwergewichtsboxkampfes auf dem Fernsehbildschirm, der hier wohl rund um die Uhr flimmert, musste ich einmal das Gespräch unterbrechen.

Du zählst zu den erfolgreichsten Geschäftsleuten Äthiopiens. In einer Umfrage wurdest du sogar auf Platz drei gesetzt. Wie viele Geschäftszweige betreibt die Firma Gebrselassie inzwischen?

Zuerst natürlich weiterhin das Laufen (schmunzelt). Na klar, Laufen ist ein Geschäft. Das wichtigste aber war, dass wir ein Familien-Unternehmen gründeten, "Haile & Alem International". Als wir anfingen, war die Firma ganz klein, ein Immobiliengeschäft, verschiedene Verkäufe und Vermietungen. Inzwischen haben wir mehrere Standorte, so auch in Bahir Dar, Asela, Nazaret. In ein Touristenhotel haben wir viel Geld gesteckt, 150 Zimmer. Auch Appartementhäuser und Villen bauen wir. In Asela, meinem Heimatort, unterstützen wir zielgerichtet sportliche Kinder, gaben Geld für den Bau einer Turnhalle und für ein Kino. Du weißt, ich liebe Kino.

Und mit so vielen Geschäften kommst du klar?

Manchmal stöhne ich schon: zu viele Geschäfte. Das macht mich ganz krank (lacht). Aber ich muss ja nicht alles allein tun, ich habe viele Mitarbeiter. Sämtliche Bauarbeiten managt mein Bruder Assafa, die gesamte Verwaltung meine Frau. Ihr Vater kümmert sich teilweise um das Autoimport-Geschäft. Insgesamt arbeiten fast 400 Leute für uns.

Zahlreiche Kampagnen hast du gestartet?

Mit verschiedenen Organisationen arbeite ich zur Bekämpfung von Aids und der Armut zusammen. Außerdem kümmern wir uns um das Thema "Herzkrankheiten". Und natürlich um den Sport.

Was ist deine Vision von Äthiopien?

Ich hege sehr große Hoffnungen. Äthiopien wird eines Tages ein reiches Land sein, wie Amerika oder Deutschland, da bin ich ganz sicher. Ich erwarte nicht, dass das noch zu meinen Lebzeiten passiert. Vielleicht dauert es mehr als 30 Jahre, aber meine Kinder oder Enkel werden es erleben.

Wie soll das erreicht werden?

Vieles ist möglich. Ich bin auf dem Land aufgewachsen, unter einfachsten Bedingungen. Innerhalb von weniger als 20 Jahren wurde ich zu dem, was ich heute bin.

Ein Reichtum Äthiopiens – die gegensätzlichen Landschaften: so das endlos erscheinende Hochland, das an den Grand Canyon erinnernde Simien-Gebirge, acht faszinierende Nationalparks und drei Tierreservate, weite Seenketten, der Große Grabenbruch und die Quellen des Nils. Noch haben Touristenscharen keine Spuren hinterlassen.

Bild Seite 90: eins der Gemälde im Heim der Gebrselassies - der junge Haile

Nun sind nicht alle Hailes...

Ich will dir was sagen. Als ich mit dem Laufen begann, gab es sehr wenige Läufer. Wie viele sind es heute!

Stimmt, heute Morgen habe ich auf dem Meskel Square 200 oder 300 gesehen.

Siehst du, als ich auf diesem Platz trainierte, waren es höchstens vier. Das ist nur ein Beispiel. Deshalb glaube ich, dass mein Land eine gute Zukunft hat.

Trotzdem - nicht alle können mit Laufen Geld verdienen...

Natürlich, das weiß ich. Aber eines, was wir wirklich brauchen, ist das: Jeder muss etwas opfern. Mit "opfern" meine ich..., ich will dir ein Beispiel geben. Vor vier- oder fünfhundert Jahren wurde in Bahir Dar eine Brücke über den Nil gebaut, die "portugiesische Brücke", die haben viele Menschen unter unsäglichem Leiden errichtet. Doch sie haben es geschafft. Manchmal muss man etwas hingeben, um etwas zu gewinnen. Alle, vom Präsidenten bis zum kleinen Mann, müssen etwas abgeben, für die Ärmsten, für das Land. Ohne solche Opfer kein Erfolg und kein Fortschritt.

Warum ist Äthiopien eins der ärmsten Länder?

Dafür gibt es viele Gründe. Ein Beispiel wieder: Für den Kaffee vom "Land des Kaffees" wird vom Ausland kaum etwas bezahlt. Ein Kaffee, der ein einzigartiges blumiges Aroma hat. 700 000 Kleinbauern-Familien leben von ihm, und viele gehen bankrott, können ihre Kinder nicht mehr zur Schule schicken. Dazu kam auch die Dürre. Das größte Problem aber ist, dass viele Bauern ihr Land nicht besitzen, es

gehört dem Staat, und da investieren sie nicht.

Was sollte international verändert werden?

Viele Entwicklungsprojekte kranken daran, dass die Planer aus den reichen Ländern irgendetwas Teures verkaufen wollen. Wir brauchen Hilfe für wichtige, Grund legende Dinge. Ich sage es oft so: Die Menschen bei uns brauchen nicht den Fisch, sondern sollen wissen, wie man ihn fängt.

Wie sieht dein persönliches Engagement aus?

Ich bin Ehrenbotschafter der Vereinten Nationen geworden. So fahre ich, wenn es die Zeit zulässt, ins Land und halte Vorträge vor jungen Leuten, einerseits zu Aids, andererseits zu meiner Karriere. Denen will ich ein Vorbild sein, will ihnen klar machen, dass auch sie vieles erreichen können, durch harte Arbeit, durch Training. Wo es notwendig und nützlich ist, gebe ich auch Geld. Es ist so, alles was ich tue, soll für mein Land sein.

Ich konnte mich selbst davon überzeugen, Äthiopien ist ein schönes Land…

Es ist fantastisch hier. Man muss es sehen. Wir haben wunderschöne Landschaften, Gebirge, den Großen Grabenbruch, die Nilfälle. Wer weiß schon, dass es bei uns Regenwälder gibt und eine einzigartige Tierwelt? Wir haben eine uralte Kultur mit den Felsenkirchen, den Königs- und Kaiserstädten im Norden. Wir haben freundliche und schöne Menschen und ein angenehmes Klima. Bei uns leben Moslems und Christen friedlich nebeneinander. Solche Länder gibt es wenige auf der Welt. Aber wie viele Touristen kommen schon zu uns?

Du lachst immer. So kennt dich die Welt. Aber ehrlich, ärgerst du dich auch mal?

(Lacht wieder) Ja, doch, meist sind es Kleinigkeiten. Im Sport ärgere ich mich wenig, denn da gibt es ja nur zwei Möglichkeiten: Entweder du siegst, oder du verlierst. Ich kann mich aufregen, wenn Leute ihre Arbeit nicht ordentlich

In der Umgebung von Addis Abeba dominieren die Eukalyptusbäume. Sie wurden Anfang des 20. Jahrhunderts angeschafft, als das Holz in der Stadt rar wurde. In den letzten Jahren musste der Eukalyptus immer wieder neu angepflanzt werden, da viele der schnell wachsenden Bäume für Brenn- und Bauholz abgeholzt und verkauft werden.

Bild Seite 92: schwer tragende Frauen bei Arba Minch.

machen, die nicht ernst nehmen, oder wenn sie unpünktlich sind. Wenn du einen Job hast, dann musst du arbeiten, egal ob der Boss gerade da ist oder nicht. Oder: Wenn ich durch den Wald laufe und sehe, dass Bäume gefällt werden, dann kann ich richtig wütend werden. Viele wissen das schon und legen die Axt beiseite, wenn Haile rennt.

Ja, schade um die Bäume bei euch…

Hast du die großen Bäume an unserer Straße gesehen? Vor ein paar Jahren hätte ich bald mal einen verprügelt. Ich kam gegen sechs vom Training, und da sah ich einen Kerl mit einer Säge bei diesen schönen Eukalyptusbäumen.

Gab es Niederlagen, die dich wurmten?

Ach, da gab es schon einige. Vor allem aber traurig war ich in Atlanta, als ich wegen den Problemen mit meinem Fuß nur über 10.000 m starten konnte und nicht auch noch über 5000 m. Na ja, und dann auch der dritte Weltmeisterschaftsplatz in Edmonton 2001.

Woher hast du dieses Lachen, diese positive Lebenseinstellung?

(Haile wird ernst, überlegt) Das wird mein Charakter sein, ich weiß nicht, woher das kommt. Mein Vater war sehr streng. Aber meine Mutter, die früh verstarb, war eine sehr liebe und freundliche Frau. Ja, sie hatte so einen ähnlichen Charakter.

Du bist ein Familienmensch, vier Kinder bis 2008…

Drei Töchter und einen Jungen, der jüngste Spross. Meine Frau, meine Familie ist mein Grundstein für alles, was ich erreicht habe. Dafür bin ich

Gott dankbar. Die Kinder wachsen gut heran, aber Läufer werden sie wohl nicht. Neulich erklärte mir meine älteste Tochter, die Eden: "Weißt du Vati, ich möchte so ein berühmter Läufer werden wie du." Was soll ich dazu sagen? Sie wird es nie. Sie kann es nie werden, denn sie hatte nie die notwendigen Voraussetzungen wie ich oder andere arme Athleten vom Lande. Sie ist ein verwöhntes Stadtkind, wird früh zur Schule gefahren und wieder abgeholt. Je reicher die Menschen werden, umso bequemer sind sie auch. Trotzdem sage ich immer wieder, nicht jeder kann für Weltrekorde trainieren, kann aber laufen und nach persönlichen Rekorden streben. Ich bewundere und achte all jene, die noch im Alter fit sind und laufen, zur eigenen Gesundheit und Freude.

Hattest du Helden in deinem Leben?

Zumindest zwei. Miruts Yifter, das ist ja bekannt. Er gab mit seinen zwei Olympiasiegen den Anstoß zu meiner Laufbahn. Wir sind heute sehr gute Freunde. Wenn er aus Kanada, wo er lebt, nach Addis Abeba kommt, treffen wir uns immer. Und dann Nelson Mandela. Als ich ihn in Kapstadt traf, war ich noch nicht berühmt, wir sprachen nicht miteinander, gaben uns, wie alle Sportler, die Hände. Später korrespondierten wir. Ich war sehr gerührt, als er mir sein Buch mit einer Widmung schickte und dazu schrieb: "Deine Erfolge sind Inspiration für den ganzen Kontinent. Ich hoffe, wir werden uns noch eines Tages treffen, bevor ich sterbe."

Bild Seite 94: Wasserfälle im Awash-Nationalpark.

Kleine äthiopische Zeittafel

Um 1495 v. Chr. unternimmt die ägyptische Pharaonin Hatschepsut eine Schiffexpedition nach Punt.

Im 1. Jahrhundert bildet sich das Königreich Axum. Abessinien entsteht.

330 wird das Christentum unter König Ezana Staatsreligion. Griechische und ägyptische Einflüsse.

625 Beginn der Islamisierung.
Im 12. Jahrhundert entstehen die 11 Felsenkirchen, die König Lalibela erbauen lässt.

1636 Gründung der Hauptstadt in Gondar.

1889 dringen die Italiener in den Norden ein und gründen die Kolonie Eritrea.

1865-1913 Kaiser Menelik II.

1886 Gründung von Addis Abeba.

1930-1974 Kaiser Haile Selassie.

1935 überfällt Italien Äthiopien und besetzt das Land bis 1941.

1960 wird Abebe Bikila im Marathon erster Olympiasieger Afrikas. Im selben Jahr Putschversuch gegen Haile Selassie.

1974 Revolution und Absetzung des Kaisers Haile Selassie.

1974 werden die Gebeine von „Lucy“ (Denkenesh) gefunden, ein 3,5 Millionen altes weibliches Skelett.

1977 ergreift Oberst Mengistu Haile Mariam die Macht und ruft 1987 die Demokratische Volksrepublik Äthiopien aus.

1991 Nach Aufständen und Bürgerkriegen flüchtet Mengistu Haile Mariam nach Simbabwe.

1992 wird Derartu Tulu über 10.000 m erste afrikanische Olympiasiegerin.

1993 wird Eritrea unabhängig.

1995 Gründung der Föderativen Demokratischen Republik Äthiopien unter Premierminister Meles Zenawi.

2005 Parlamentswahlen, nach denen es zu Unruhen kommt.

2007 beginnt im September nach dem Julianischen Kalender das neue Millennium in Äthiopien.

5.
Von Marathon zu „Marathon“

Umstieg auf die Königsdisziplin

Eine Schule am Ende der Welt

Haile und sein erster Bär

Der Hase im Flugzeug

Premiere im Wind: erster Berlin-Marathon

Wieder in Addis Abeba, wieder in Shafamu

"Marathon" wird eröffnet

Die Idee mit Nazaret

Millennium im September

Bärenstark mit Weltrekord

Umstieg auf die Königsdisziplin

Es war abzusehen. Athen bewies Haile Gebrselassie, dass es einen Thronfolger für seine 10.000-m-Distanz gab: Kenenisa Bekele, der Mann aus den eigenen Reihen. Das beruhigte ihn. Viele sahen daraufhin den bisherigen "Kaiser" bereits abdanken. Doch der dachte gar nicht daran. Der nahm ein anderes Zepter in die Hand. "Ich habe noch ein Versprechen einzulösen", sagte er, wohl eins, welches er sich selbst gegeben hatte. So stieg er um auf die Königsdisziplin, den Marathon. "Zu alt, zu spät?" fragten ihn Journalisten. Für die hatte er aber nur ein freundliches Grinsen übrig. "Schaut mal in die Marathongeschichte. Wie alt war Mamo Wolde bei seinem Olympiasieg in Mexiko? Und wie alt bin ich jetzt?"

Er fühlte sich zu Recht im rechten Marathonalter und probierte sich, schaut man auf seine Rennfolgen, auch zielgerichtet aus. Bereits zwei Jahre vor den Spielen in Athen unterzog er sich nach dem 88er Marathonabenteuer von Addis Abeba einer erneuten Premiere, diesmal beim London-Marathon. Erfolgreich, mit einer Zeit von 2:06:35 Stunden, die bis dahin noch nie ein Debütant auf den 42,195 Metern erreicht hatte. Im Jahr nach Athen tankte er, die Achillessehnenoperation hinter sich, sein Selbstbewusstsein mit einem 10-Meilen-Weltrekord auf, ehe er in die erste Startreihe des Amsterdam-Marathons gestellt wurde. Die Erwartungen waren wieder hochgeschraubt. Kaum einer machte sich den Kopf darum, dass es für den bisher erfolgreichsten Bahnläufer allein beachtlich wäre, einen Sieg auf der Marathonstrecke zu feiern. Die Schlagzeilen drehten sich nur um einen Weltrekord. Tatsächlich hatte Manager Hermens auch alles vorbe-

reitet, um solch einen Paukenschlag zu erreichen. Doch das gelang nicht. Die Tempo-Hasen hielten die geplante Marschroute nicht durch, und die zwölf Kilometer Alleinlauf durch die City von Amsterdam bescherten Haile noch einen zusätzlichen Gegner, den Wind. So fiel der Sieg zwar in einer persönlich besten Endzeit aus, doch musste der Rekord, wie der neue Marathonmann verkündete, "verschoben" werden. Nachgefragt ergänzte er: "Wartet ab. Weltrekorde kann man zwar auf dem Papier planen, aber so ein Plan geht nicht immer auf."

So auch ein halbes Jahr später in London. Abermals London-Marathon und abermals in guter Form. Lange lief er auf Rekordkurs, doch auf den regennassen Straßen brach er dann ein. Der Vorfußläufer hatte sich in der kurzen Nachbahnzeit nicht endgültig umgestellt. Regen war noch nie seine Sache. "So langsam beginne ich die gefährlichen Momente der Königsdisziplin zu verstehen."

Und denkt auch über London nach, mit dessen Marathonorganisatoren er einen Vertrag unterschrieben hatte. Wie wäre es mit Berlin?

Eine Schule "Marathon" am Ende der Welt

Der Minibus rumpelte über die ausbesserungsbedürftige Asphaltdecke hinter Welkite, dem Zentrum der Gurage, der viertgrößten Volksgruppe, durchweg anerkannte Bauern und Händler. Wir schoben uns in Richtung eines Dorfes voran, das Shafamu heißt und soviel wie "Langsam wachsen" bedeutet. Diesen Ort, etwa 220 Kilometer von der Hauptstadt entfernt, hatte unser Freund Amanuel für eine Idee ausgesucht, an der sich, wie bereits erwähnt, unsere erste deutsche Marathon-Reisegruppe auf ihrer Vorjahrstour begeisterte. Alle wollten ein wenig helfen, mit möglichen Mitteln eine Schule bauen, um dörfliche Wege zu verkürzen. Selbst die vierte Klasse als erste Lernstufe schließen noch zu wenig äthiopische Kinder der gerin-

London-Marathon, 14.4. 2002
1. Khannouchi (USA) 2:05:38
2. Tergat (Ken) 2:05:48
3. Gebrselassie (Äth) 2:06:35

Amsterdam-Marathon, 16.10.2005
1.Gebrselassie (Äth) 2:06:20

London-Marathon, 16.4.2006
1.Limo (Ken) 2:06:39
9. Gebrselassie (Äth) 2:09:05

Bild Seite 98: London-Marathon 2002– Stefano Baldini (Ita), Haile Gebrselassie, Martin Lel (Ken), Jaouad Gharib (Mar).

gen Schuldichte wegen ab. So hatten wir also Amanuel, den Reisebürochef in Addis Abeba, gebeten, einen bedürftigen Ort für unsere neue Schule zu finden. "Nichts war einfacher als das", berichtete er später, "und doch war selbst ich, ein Äthiopier, erschüttert, als ich zum ersten Mal die halb zerfallene Baracke sah, in denen Kinder von Shafamu auf der Erde hockten und lernten. Keine Fenster, keine Möbel, keine Schultafel, kein Licht. Mir kamen die Tränen." Als wir übrigens Haile Gebrselassie von dieser Schule und einem geplanten Aufruf an die deutschen Marathonläufer berichteten, schloss er sich diesem spontan an und gab sofort seine Unterschrift.

Bis zum Dorf Shafamu konnte man die Landstraße noch überwiegend als befestigt bezeichnen. Doch dann war Schluss, das Gebäude war nur über Wiesen- und Ackerwege zu erreichen. Allerdings auf einer recht interessanten Strecke. Das Gurage-Dorf umfasst etwa 450 Rundhütten, die sich mit ihren Feldern über gut zehn Kilometer hinziehen. Saubere Häuschen mit durchschnittlich zehn Bewohnern und gut gepflegten Gärten, in denen Hühner und Schafe herumlaufen. Also etwa 4500 Einwohner. Dazwischen Stauden, die hier

Enset genannt und als "falsche Banane" bezeichnet werden. Ein Grundnahrungsmittel dieser Region, deren Stämme, Wurzeln und Blätterstiele zu Brei gekocht oder zu Brot gebacken werden. Hinter den Gärten schließen sich die Ländereien an, auf denen noch heute wie vor Jahrhunderten mit den einfachsten Holzgeräten gepflügt wird.

Die Schule entsprach Amanuels Schilderungen. Vier Klassenräume im Entstehen, inzwischen vier Kreidetafeln an den Stirnwänden. Beginn eines Projekts. Alle 320 Kinder waren angetreten, dazu fünf Lehrer und zwei Vorschullehrer. Bunte Blumen wurden uns überreicht, in glänzende Augen schauten wir, und eine fassungslose Direktorin fragte mehrmals: "Warum gerade wir?" Die Leute von Shafamu machten kein Hehl daraus, dass ihnen diese Überraschung wie ein Stern vorkam, der plötzlich und unerwartet vom Himmel fiel. Wir berieten über die weiteren Schritte. Fenster mit Glas? Das wäre ja wie in der großen Stadt. Schulbänke für die Kinder? Wer soll denn die anfertigen! Der Bürgermeister hatte sich schon Gedanken darüber gemacht, welcher Bauer aus seinem Dorf den Schulbau leiten könnte. Er ließ schließlich abstimmen, denn der Würdigste müsste hierfür nominiert werden. Den Gewählten, Murga Arega, einen resoluten, drahtigen Mann mit freundlichen Augen, stellte er uns nun vor.

Bevor wir uns verabschiedeten, starteten wir mit der Riesenkinderschar das erste Rennen ihres Lebens. Ein deutscher Laufveranstalter aus dem Havelland hatte uns 350 orangefarbene T-Shirts mitgegeben, die wir nun verteilten. Die Lehrer hatten verständliche Mühe, die Schüler zu bändigen. Auch wenn für die meisten die Hemden einige Nummern zu groß ausfielen, bedeutete das kein Hindernis. Sie wurden wie Jacken übergezogen. Dann liefen wir, angeführt von einem begeisterten Mitreisenden aus Wien, gemeinsam zweimal um die künftige Schule, die einmal "Marathon" heißen soll.

"Amanuel", sagte ich im Namen der kleinen deutschen

Bildung in Äthiopien: Nur ca. 40 % der Erwachsenen und 50 % der Jugendlichen können lesen und schreiben. Etwa 68 % (2007) der Kinder gehen zur Schule, die als Grundlage 2 Stufen (1.-4. und 5.-8. Klasse) vorsieht. Auf dem Lande gibt es noch zu wenig Schulen, somit sind die Fußwege zu lang. Projekte wie „ABC-2015" von Karl-Heinz Böhm („Menschen für Menschen") und Schulbauten von Haile Gebrselassie helfen. Deutsche Läufer begannen 2006 mit dem Bau einer Schule „Marathon" im Dorf Shafamu (Region Welkite).

Bilder Seite 100: Eine Klasse in Shafamu bei Beginn und nach einem Jahr. Noch nie vorher gab es Schulmöbel.

Läufergruppe, "hier sind wir richtig. Hier machen wir weiter." Und dachte noch beim Blick zurück aus dem holpernden Fahrzeug: Wäre dort drüben nicht ein Horizont, ich würde glauben, wir befänden uns am Ende der Welt.

Haile und sein erster Bär

Es wird zwischen Welkite und Woliso gewesen sein, also noch mitten in der Provinz, als mein Handy klingelte. Berlin war dran. Nanu, etwas Besonderes? Tatsächlich, das war's. Mitten im tiefen Gurage-Land wurde eine Meldung durchgegeben, die ich mir noch einmal bestätigen ließ. Eine fast sensationell anmutende Nachricht: Haile startet beim Berlin-Marathon. Und wir waren in diesem Moment auf dem Wege zu ihm nach Addis Abeba! Beifall und Hochstimmung in unserem Minibus. Wir würden nun die ersten deutschen Läufer sein, die ihm dazu gratulieren und unsere neugierigen Fragen stellen konnten. Als sollten wir noch eher bei Haile ankommen, drückte der Fahrer auf das Pedal und musste von uns mehrfach mit "Kes"-Rufen zu langsamerem Steuern aufgefordert werden. Störrische Esel und Lämmer-Herden auf den äthiopischen Dorfstraßen nehmen keine Rücksicht auf eilige Lauftouristen.

Schon bei unserem ersten Besuch hatten wir versucht, den neuen Marathon-Umsteiger für die flache Berlin-Strecke zu begeistern. Hier konnte man doch schnelle Zeiten laufen, sich Rekorde vornehmen. Paul Tergat hatte das bewiesen. Haile ließ sich aber nicht aus der Reserve locken, London wird da eine Rolle gespielt haben, aber auch Amsterdam vielleicht. Haile ist nicht der Typ, der sich festlegt, jedenfalls nicht öffentlich. Er ist in den vielen Jahren ein Fuchs geworden, der die Gans erst fängt, wenn er genau weiß, wie sie zu überlisten ist. Doch nun hatte er sich für den richtigen Braten entschieden.

Im Olympia-Café waren wir mit ihm verabredet, hatten noch vorher per Handy die Uhrzeit festgelegt, doch kein Haile war da. "Schaut mal in den Hof", orientierte der Parkwächter, der alle Leute vom Alem-Hochhaus aufmerksam beobachtet. Tatsächlich, dort agierte Haile mit noch ein paar Arbeitern an einem leeren Container, den sie gemeinsam zur Seite schoben. Der neue Berlin-Marathon-Star mittendrin, nur an seinem Trainingsanzug auszumachen. Als er uns sah, winkte er fröhlich und wischte sich die Hände ab. Dann begrüßte er uns, die deutschen und österreichischen Gäste, und lud in seine Cafeteria ein. Die weitere Reihenfolge kannte ich schon: Fotos, Autogramme, Fragen. Und immer Antworten, auch wenn sie schwer fielen. Die London-Pleite wollte er schnell abgehakt wissen. "Ich habe mich bis heute geärgert, doch nun es geht weiter." Womit er seine Marathonkarriere meinte. 300 Kilometer habe er in der letzten Woche mühelos trainiert. Ob ihn nicht das kollektiv verordnete Training mit der Nationalmannschaft belaste? "Keineswegs, erstens freue ich mich auf viele Freunde, und zum anderen laufe ich ja sowieso immer vorne weg."

Doch auch er hatte Fragen. Wer waren seine Gäste? Neben ihm zum Beispiel saß Eike, Anfang 60. Er hatte schon als Student etwas von Äthiopien gesehen, ein Tramper durch Afrika, damals in den 60er Jahren. Haile staunte. Noch mehr, als er die heutige Geschichte dieses Mannes erfuhr, der mit seinen Marathonläufen den Krebs bekämpfte. Gleich ob in vier oder fünf Stunden. "Nach jedem Marathon weiß ich, dass ich lebe", so Eike, der sich inzwischen auch mit Berliner Äthiopiern angefreundet hat. Wenn Haile ernst wird, legt sich meist seine Stirn in zwei Falten, und sein breites Lachen verstummt

Die ersten Läuferreisen nach Äthiopien organisierte seit 2005 der Reiseveranstalter „Reisezeit" (Berlin), u.a. zum Abebe-Bikila-Marathon und Great Ethiopian Run. In den Zusatzangeboten wurden Rundreisen in den grünen Süden und in den historischen Norden realisiert.

für Minuten. Marathon kennt viele Rekorde, nicht nur jene, die mit der Stoppuhr gemessen werden.

Marianne hatte schließlich eine Überraschung parat, die hervorragend zum bevorstehenden Berliner Marathon-Debüt passte. Sie überreichte ihm unter dem Beifall aller Café-Gäste einen großen Plüschbären, das Wappentier der Hauptstadt. "Der soll dir Glück bringen!" Haile strahlte und empfahl uns zum Abschied, doch einmal den äthiopischen Norden zu besuchen, ein Land voller Geschichte.

Was er nicht wusste: Die so genannte "historische Route" war Bestandteil der Äthiopien-Tour. Sie fand zwei Tage später statt. Nachdem wir abermals beim Abebe-Bikila-Marathon in dem nicht zu bändigenden Hauptstadtverkehr den mehr als 500 Afrikanern hinterher liefen, stiegen die meisten Reiseteilnehmer in die kleine Fokker-Maschine, um nach Gondar, Lalibela und Axum zu fliegen. Ein Erlebnis und Abenteuer zugleich. Elf Felsenkirchen durchkletterten wir in Lalibela, die vor siebenhundert Jahren, um vor Feinden geschützt zu sein, in das rote Tuffgestein gehauen wurden. Die meisten, geschmückt mit aufwendigen Malereien und Dekorationen, sind noch heute für die orthodoxen Zeremonien offen. Vor den Kirchen aber auch Ungewohntes: Ausgemergelte menschliche Körper, die, einer Uralttradition folgend, auf ihre Sterbestunde harrten. In der Königsstadt Gondar durchstreiften wir den "Gemp", den einstigen Palastbezirk, deren Bauten an mittelalterliche Burgen erinnerten. Abends stießen wir mit "Tedj", dem hiesigen Honigwein, an. Axum, die älteste Stadt Äthiopiens, fast an der Grenze zu Eritrea, soll die Heilige Bundeslade mit den zehn Geboten aufbewahren, von der uns allerdings nur ein Stückchen gezeigt wurde. Mehr beeindruckt hatten uns die Obeliske, viele höher als jene der Pharaonen im Karnak-Tempel von Luxor. Noch sind sie nicht alle aufgerichtet worden, was vor allem eine Sache des nicht vorhandenen Geldes zu sein schien. So bestaunten wir zahlreiche Stelen, die noch lang gestreckt oder auch zerbrochen in Gärten der Bewohner ruhten. Einblicke in eins der geschichtsträchtigen Länder der Welt, mit seinen Mythen, Sagen und faszinierenden Stätten. Und überall in diesem hochgelegenen Land für viele überraschend - das Grün statt der erwarteten verdorrten Erde.

Der Hase im Flugzeug

Haile wurde bereits im August in Berlin erwartet, also weit vor dem Start zum Berlin-Marathon. Der Veranstalter organisierte anlässlich der Gebrselassie-Premiere eine Pressekonferenz und ließ ihn einfliegen. Der Termin war so gewählt, dass der prominente Neuling gleich nach einem Start bei den zehn Kilometern von Palermo weiter nach Berlin reisen könnte. Nur, was nicht vorauszusehen war: Haile kam nie in Sizilien an. "Das Problem war", berichtete der viermalige 10.000-m-Weltmeister, "dass beim Abflug ein Hase ins Triebwerk geraten war. Der Pilot entschied zur Rückkehr. Also musste ich leider ohne den Vorbereitungslauf nach Berlin." Am Rande der Pressekonferenz, die er schon wieder entspannt, durchweg freundlich und ausdauernd bestritt, plauderte er, was mancher als typisch Hailesche Anekdote auffasste: "Wir waren schon eineinhalb Stunden in der Luft, als es roch. Wir dachten, es würde das Essen vorbereitet. Doch das war der Hase". Die Story erinnerte mich an eine Haile-Antwort auf die immer wieder gestellte Frage, warum er bei seinen Läufen den linken Arm höher halte: "Als Schuljunge habe ich mit dem die Schulhefte und Bücher fest an den Körper geklemmt. Doch sehen Sie nicht, dass sich inzwischen die Arme angeglichen haben? Und wissen Sie auch warum? Weil ich seit vielen Jahren viele Autogramm schreiben muss."

Die historische Route.
Lalibela:
11 Felsenkirchen und Kapellen reihen sich in einem Labyrinth aus Steingrotten, Tunneln und Höhlen aneinander. Auch als „achtes Weltwunder" bezeichnet.
Axum:
Ungezählte Stelen und Monolithen sind hier zu bewundern. Axum gilt als religiöse Hauptstadt der Äthiopier. Hier soll sich die Bundeslade befinden.
Gondar:
Königstadt des 17. und 18. Jahrhunderts mit vielen Palästen der früheren Kaiser.
Bahir Dar:
Stadt am Tanasee mit Inseln, auf denen sich Kirchen und Klöster befinden. In der Nähe der Stadt beeindrukken die Nilquellen mit Wasserfällen von 400 m Breite und 45 m Tiefe.

Bild Seite 104: die Felsenkirche Bete Gyorgis.

Natürlich ging es bei dieser übervollen Pressekonferenz in erster Linie um den ersten Start des Haile Gebrselassie bei einem Berlin-Marathon. Renndirektor Mark Milde, der das Englisch des Gastes ins Deutsche übersetzte, betonte mehrfach die Freude der Veranstalter, diesen Mann für die 33. Auflage gewonnen zu haben. Also - Weltrekord? Haile: "Ich weiß, dass ich den Marathon-Weltrekord meines Freundes Paul Tergat brechen kann, ich weiß nur nicht, wann das passieren wird. Über eine Rekordzeit spricht man nicht, man läuft sie."

Als ich noch mit Haile am Stehtisch eine Suppe löffelte, erkundigte ich mich nach dem Bären. Ob er ihn als Glücksbringer in den Koffer packe? Haile lacht: "Der ist schon längst im Trophäenschrank."

Man muss wissen: Dorthin gelangen nur jene Stücke, die einem Sieg dokumentieren.

Na dann...

Premiere mit Wind: erster Berlin-Marathon

Pressekonferenzen ist er gewöhnt. Er steht sie gern und locker durch. Zwei Tage vor seinem ersten Berlin-Marathon stand wieder so eine auf dem Pflichtprogramm, im Rundfunk- und Fernsehgebäude in der Masurenallee. Neuigkeiten waren nicht zu erwarten, er freute sich auf den Kenianer Sammy Korir, der ihn zusätzlich animieren sollte. Sammy, Sieger des Rotterdam-Marathons und mit der bis dahin zweitbesten jemals gelaufenen Marathonzeit. Fotos wurden geschossen, kurze Interviews und Statements, dann war dieser Programmteil bereits beendet. Trainer Yilma Berta konsultierte sich mit Haile, denn wir hatten ihn noch um eine Kurzvisite im gegenüberliegenden Marathonmesse-Bereich gebeten. Dort nämlich war unser Laufreise-Stand um einige Quadratmeter erweitert worden, kostenfrei genehmigt vom Veranstalter, dem SCC Running. Wir hatten für das gemeinsame Projekt "Schule Marathon" Großfotos von dem Dorf Shafamu und dem Baubeginn ausgehangen und zu Spenden aufgerufen. In einem Schwarm von Journalisten, Begleitern und Neugierigen tauchte er am Reise- und Äthiopien-Stand auf und bedankte sich dort bei den engagierten Mitstreitern. Dann wurde die Karawane unerbittlich fort geschoben, weiter zu den Adidas-Bereichen. Sponsoren haben ein verbrieftes Recht.

33. real,-Berlin-Marathon, 24. September, sonnig, bis zu 25 Grad:

Wer den Marathonmann aus Addis Abeba beim Warmmachen im Startbereich zwischen Brandenburger Tor und Siegessäule beobachtet, wird ihm kaum irgendwelche Nervositäten angemerkt haben, die normalerweise bei hochkarätigen Wettkämpfen unvermeidlich sind. Haile Gebrselassie hat sich eine gewisse Beherrschung in mehr als einem Jahrzehnt antrainiert, wobei es auch seinem Wesen entspricht, sich Freunden und Fans zu zeigen. Vielleicht wird dabei das aufkommende Vorstartfieber gedrückt. So geht er noch auf Zuschauer an den Absperrzäunen zu und schreibt Autogramme. Dann reiht er sich mit der Startnummer HAILE in der vordersten Front ein.

Während sich 30 000 und mehr noch nach dem Startschuss um die ersten Schritte drängeln, entbrennt an der Spitze bereits der Kampf um die Zeit. Weltrekordzeit. Die hat sich der Äthiopier vorgenommen, die "Hasen" sind von ihm ausgesucht worden, zwei aus seinem Rennstall, zwei aus dem der Kenianer. Mit Sammy Korir hält sich jener Mann an seiner Seite, der beim Berliner Weltrekordrennen vor drei Jahren von Paul Tergat nur

Berlin-Marathon: Inzwischen mit mehr als 35 000 Teilnehmern eine der größten Marathon-Veranstaltungen weltweit. Der erste Berlin-Marathon wurde am 13. Oktober 1974 im Grunewald gestartet (244 Finisher), 1981 fand er erstmals als City-Marathon statt (2583 im Ziel), 1990 erstmals durch das Brandenburger Tor (22861), 2003 lief Paul Tergat Weltrekord (2:04:55).

Bild Seite 106: mit dem Pressepulk durch die Berliner Marathonmesse.

knapp geschlagen wurde. Alles verläuft zuerst nach Plan. Bei Halbzeit hat Haile noch die Rekordzeit im Blick, obwohl zwei seiner Tempomacher schon vor dieser Marke ausgestiegen sind. Auch nach 25 und 35 Kilometern befindet er sich noch unter dem Tergat-Rekord. Doch dann lassen ihn die anderen eingekauften Tempomacher in Stich. Einer nach dem anderen steigt aus, und als noch Korir wegen Muskelkrämpfen aufgibt, rennt der Wunderläufer allein hinter dem Führungsfahrzeug daher. Über eine halbe Stunde gegen den Wind, der das Sekundenpolster Meter für Meter zerstört. Die Leipziger Straße wird dem Einzelkämpfer ungut in Erinnerungen bleiben. Gegenwind pustet aus allen Richtungen. Die Tausende auf den Bürgersteigen wissen um seinen Kampf und feuern ihn an. Eine nicht abreißende Welle der Sympathie und Begeisterung wogt. Bei Kilometer 39 hat er 12 Sekunden Rückstand. 61 Sekunden fehlen ihm schließlich für einen neuen Weltrekord.

Dennoch ist Haile Gebrselassie glücklich, und das zu Recht. In seiner bekannten Siegerpose, ein Strahlemann, der die beiden langen Zeigefinger wie Antennen in die Luft streckt, zerreißt er das Marathon-Zielband. 2:05:56 sind Jahresweltbestzeit, und die Siegprämie kann sich mit dem Antrittsgeld sehen lassen. Da sich auch Gete Wami, einst dreifache Olympiamedaillengewinnerin auf der Bahn, souverän als schnellste Marathonfrau erweist, können erstmals zwei äthiopische Erfolge in Berlin gefeiert werden. Zur Zeit der Siegerehrung sind noch fast 30 000 Hobbyläufer auf der Strecke, Teilnehmer, vor denen sich auch Haile - wie er immer wieder betont - achtungsvoll verneigt.

Einen Tag später suchte

ich bereits kurz nach Sonnenaufgang das Athletenhotel auf, um Haile zu gratulieren, was mir im Siegestrubel nicht gelungen war. Eigentlich hatten wir für den Montag eine Verabredung, die wir in Addis Abeba vereinbarten. Eine gemeinsame Sightseeingtour durch Berlin. Haile war zwar schon oft in Berlin, doch immer nur zwischen seinem Hotel, einem Waldtraining und irgendeinem Stadion. Als ich ihn im Frühstücksraum entdeckte, hatte er bereits seinen Teller mit Rührei und Kartoffeln stehen gelassen. "Es wird wieder nichts. Sorry. Hoffentlich bis später." Freute sich noch über die Glückwünsche, gab einigen Kellnern im Vorbeigehen Autogramme und verschwand in einem Televisions-Fahrzeug.

Frühstücksfernsehen ("Natürlich werde ich einmal den Marathon-Weltrekord brechen. Warten wir ab"). Danach Meetings bei der Presse ("Berlin hat nicht nur eine schnelle Strecke, sondern auch ein großartiges Publikum"). Medien haben Vorfahrt. Aus "hoffentlich" wurde nichts mehr.

Wieder in Addis Abeba, wieder in Shafamu

Amanuel lud mich ein. Die Schulmöbel seien fertig, handgemacht, und die Kinder und Lehrer wären schon aufgeregt. Wir sollten unbedingt unsere Schule "Marathon" besuchen. Also wieder per Nachtflug nach Äthiopien. Freudiges Wiedersehen, kein langer Aufenthalt in Addis Abeba, sondern gleich weiter nach Welkite. Dort hatten junge Handwerker, ohne viel zu fragen, nach Bildern, die wir ihnen vorlegten, Schulbänke und die dazu gehörenden Tische gezimmert, im Dreierpack. Insgesamt 120 Möbel für vier Klassenräume. Die wurden nun auf zwei Lastkraftwagen gestapelt und für die Fahrt ins Dorf Shafamu am nächsten Morgen vorbereitet. Zwei Lehrer bewachten vorsorglich die teure Fracht.

Ihre Ankunft gestaltete sich zu einem Ereignis, bei dem die Emotionen nicht zu bändigen waren. Da die beiden Fahrzeuge

*33. Berlin-Marathon, 24.9.2006:
1. Haile Gebrselassie (Äth) 2:05:56
2. Gudisa Shentema (Äth) 2:10:43
3. Kurao Umeki (Jap) 2:13:43
Frauen:
1. Gete Wami (Äth) 2:21:34
2. Salina Kosgei (Ken) 2:23:22,
3. Monica Drybulska (Pol) 2:30:12*

Bild Seite 108: Auf dem Weg zum ersten Berliner Marathonsieg.

älterer Baujahre über verschiedene Fahreigenschaften verfügten, hoppelte eins mit großem Vorsprung allein an. Jubel bei den 300 Kindern, die mustergültig vor dem flachen Schulgebäude aufgestellt waren. Noch nie hatte eins von ihnen so ein Wunderding gesehen. Alle fanden es bisher als selbstverständlich, sich in den Klassenzimmern auf die Erde zu kauern oder auf ein paar Baumstämme zu setzen. Die Fracht des ersten LKW reichte für zwei Räume. Lange Gesichter bei den Übriggebliebenen. Eine Stunde später erreichte der zweite Lastwagen die "Marathon-Schule". Da wischten sich einige schnell die Tränen aus dem Gesicht.

Während nun der Schulunterricht auf Möbelstücken fortgesetzt wurde, machte mich Amanuel auf eine Gruppe älterer Männer aufmerksam, die im Schatten eines Schuppens hockte. Das sei der Ältestenrat, und der wolle uns gern sprechen. Die nun folgende Begegnung werde ich mein Leben lang nicht vergessen. Etwa zwei Dutzend ehrwürdige Männer erhoben sich, reichten uns ihre Hände, und einer von ihnen, wahrscheinlich auserwählt, hielt eine kurze Rede, die mir Amanuel zusammengefasst so übersetzte: Die Ältesten des Dorfes danken uns, sie freuen sich, was wir für ihre Kinder und Enkelkinder tun, sie wünschen uns Gesundheit und ein langes Leben. Dann segneten sie uns nach einem wohl uralten Ritual der Gurage, wobei sie murmelten und ihre Hände wie beschwörend nach uns ausstreckten.

Tags drauf trafen wir Haile, erzählten ihm vom Verlauf des bisherigen "Marathon"-Schulbaus, aber auch von den Spendern zu Hause. Viele Läufer waren unserem Aufruf gefolgt. Im mecklenburgischen Parchim hatten Kinder in einer Bank ein Sparschwein aufgestellt und gut erhaltene Schultaschen gesammelt. Ein Marathonläufer aus Dessau verzichtete auf Geburtstagsgeschenke und bat, stattdessen Geld für die Dorfschule zu spenden. Erfurter zahlten einen Euro mehr beim Start ihrer Läufe, übergaben einen Scheck und übernahmen die Jahreskosten für die Vorschullehrer. In der Altmark wurden vom Erlös einiger Solidaritätsbasare 180 Schulrucksäcke gekauft. In Frankenthal übernahmen Schulkinder Patenschaften für Waisen aus Shafamu. Jeanette, inzwischen Äthiopien-Fan und oft im grüngelbroten Anzug zu sehen, wirbelte in der Stuttgarter Gegend.

"Ihr schreibt Geschichte", urteilte Haile und war berührt von dem, was sich seit dem Beginn der gemeinsam angeschobenen Aktion getan hat. "Bildung ist eine Voraussetzung dafür, dass Äthiopien einmal eine reiche Nation wird." Noch befindet sich das Land auf diesem Gebiet wie auf den ersten Kilometern eines Marathonlaufes. Es fehlt weniger an Lehrern, sondern an Schulen, vor allem auf den weiten Landflächen.

"Marathon" wird eröffnet

Eigentlich wollte der Marathonstar bei der Schuleröffnung dabei sein. Er musste jedoch absagen. Grund: eine Reise nach England. Nach London zur Terminplanung der Athletenmanager. Ausgerechnet London. Er denkt nicht gern zurück an den Marathon im April, den er vorzeitig beendete. Nach dem Stundenlauf von Hengelo ein zweites Mal in seinem Leben. Er hatte geglaubt, dass sein Asthmaleiden, das ihn bereits vor sieben Jahren plagte, überwunden sei. In London, bei einem Frühlingserwachen mit herumschwirrenden Pollen, bekam er plötzlich keine Luft mehr. "Später sagte mir ein deutscher Facharzt, dass ich keinen Kilometer hätte weiter laufen können. Der Anfall war ernst, sehr ernst." Wie nun weiter? Ein Monat später 10.000 m im niederländischen Hengelo. Immerhin 26:52 nach langer Bahnabstinenz, doch nur Fünfter.

Bild Seite 110: Einweihung der Schule „Marathon" im Dorf Shafamu am 9.6.2007. In einer Großaktion transportierte eine deutsche Läufer-Reisegruppe 310 Schulrucksäcke nach Äthiopien. Gesammelt und gekauft wurden sie vor allem in Sachsen-Anhalt und Mecklenburg-Vorpommern.

In Hailes Blickfeld geriet wieder der Berlin-Marathon…

Nach Shafamu reisten 26 deutsche Lauftouristen, um nach zwei Baujahren die Dorfschule "Marathon" einzuweihen. Die hatte inzwischen außer den Schulmöbeln auch abschließbare Türen, ein Lehrerzimmer, viele Kisten voller Hefte und Kugelschreiber und sogar gläserne Fenster erhalten. Man soll es kaum glauben - die ersten Fenster im Hochlanddorf, das immer noch keine Elektrizität und auch keine eigene Wasserstelle kannte. Amanuel erzählte mir eine Geschichte, die sich kurz vor unserem Besuch zugetragen hatte. Ein junger Mann war verstorben, und wie es bei vielen äthiopischen Stämmen Brauch ist, stellten sich Verwandte und Bekannte bei den Angehörigen des Toten ein. Trauer wird oft mit ausgiebigen Gesängen und Tänzen ausgedrückt. Danach schickten sich alle an, wieder in ihre Dorfhütten zu ziehen, als sie an der neuen Schule vorbeikamen und mehr noch als die frisch angestrichenen Fassaden die Fenster aus richtigem Glas bewunderten. Da wurden sie wieder fröhlich und tanzten und sangen.

Für die Schuleinweihung hatten sich alle Eltern und Kinder herausgeputzt. Selbstgenähte Kleider und Tücher in den buntesten Farben. Das ganze Dorf schien auf den Beinen zu sein. Der erste Teil des Spendenprojekts, eingefasst mit Schulgärten, konnte nach einer feierlichen Zeremonie mit Spiel und Gesang eröffnet werden. Die Gäste aus dem fernen Deutschland, das den meisten Kindern des Dorfes bislang kein Begriff war, hatten in einer aufwendigen Aktion 310 Schulrucksäcke zusammen bekommen, diese in 21 Kisten verfrachtet und aus mehreren Städten nach Frankfurt und von dort, dabei auf eigenes Gepäck weitgehend verzichtend, nach Addis Abeba und weiter ins tiefe Äthiopienland gebracht.

Die unbändige Freude der Shafamu-Kinder, die solche Wundertaschen noch nie gesehen hatten, war das schönste Dankeschön für die engagierten "Weißen". Mit einem Fußballspiel Shafamu gegen Reisegruppe (2:1) und einem Minimarathon (bei dem die Ranzen auf den Rücken blieben) rund um die neue Schule ging dieses Juni-Fest zu Ende. Fast. Denn alle Gäste wurden in eine Rundhütte eingewiesen, wo nach äthiopischem Brauch gegessen wurde: ein gekochtes Lamm, serviert mit scharfen Soßen. Natürlich ohne Messer und Gabel, mit Händen und den abzureißenden säuerlichen Injera-Fladen.

Direktorin und Bürgermeister verabschiedeten uns mit herzlichen Worten und eigens angefertigten Flechtarbeiten. Gesungen wurde auch. Auf beiden Seiten. "Hoch auf dem gelben Wagen" oder "Ich wandere ja so gerne" zum Beispiel. Die äthiopische Seite stimmte in ihre Heimatlieder ein. Alle fanden die Gesänge der anderen gut, was der Beifall bewies. Übersetzt hat sie keiner.

Ein "Marathon"-Anfang der besonderen Art. Der Bau geht weiter und weiter. Haile Gebrselassie, den hier jeder verehrt, aber bisher nur auf Zeitungsfotos gesehen hat, wird eines schönen Tages nach Shafamu fahren.

Vielleicht kann da das Dorf schon auf Lauftalente verweisen?

Die Idee mit Nazaret

Der Abebe-Bikila-Marathon 2007 sollte für uns der letzte sein. Diese Show der Nachfolger von Tulu, Wami, Bekele oder Gebrselassie ist nicht in der Lage, interessierte Freizeitläufer aus aller Welt in ihren Bahnen zu erfassen. Die Spitzentrainer suchen nach Spitzenrennern, verständlich im Land der Läufer. Aus Mangel an Startmöglichkeiten in Äthiopien hatten wir dreimal versucht, uns in die Strecke einzuordnen. Kaum möglich.

Geldspenden für die Schule „Marathon" aus vielen Teilen Deutschlands. Die Erfurter z.B. übergaben einen Scheck, der dadurch zustande kam, dass jeder Starter bei seinem Lauf 1 Euro spendete.

Bild Seite 112: Ein Spendenscheck, von Gabriele aus Siegen mitgebracht.

Hinter dem Schwarm von mehreren hundert Afrikanern mit Zeiten weit unter 3 Stunden kann in 2600 Höhenmeter kaum einer aus Mitteleuropa mithalten. Der Verkehr der Hauptstadt mit seinen Abgasen tut sein Übriges. So entschlossen wir uns, nur noch eine Runde, also Halbmarathon, durch Addis Abeba zu ziehen. Bis auf Gabriele aus Siegen, die in ihrer Lokalpresse lauthals verkündet hatte, in Äthiopien einen Marathon zu beenden. Das aus triftigem Grund. In einer einzigartigen Aktion hatte die Bäckereiangestellte 3500 Euro für das Schulobjekt von Shafamu gesammelt.

Und die 52jährige hielt durch. Begleitet und betreut von einem Fahrzeug unserer hiesigen Partnerreiseagentur erreichte sie das Stadionziel mitten in der Hauptstadt nach 4:38 Stunden. Die sonst so begeisterungsfähigen Zuschauer waren allerdings verstummt, als Gabriele auf die Tartanbahn einbog. Den Grund erfuhr sie erst später. Es startete nämlich genau in diesem Moment eine evangelistische Zeremonie, bei der das Auftaktgebet zelebriert wurde. Da durften auch wir nicht jubeln. Schweigend drückten wir Gabi in unsere Arme.

Mit Haile hatte ich über das Problem gesprochen. Dem Weltklasse-Läuferland würde es gut zu Gesicht stehen, irgendwann einen eigenen internationalen Marathon ins Leben zu rufen. Auch könnte der Tourismus davon profitieren. So imposant der Great Ethiopian Run mit seinen vielen äthiopischen Teilnehmern ist, wegen zehn Wettkampf-Kilometern fliegt kaum ein Europäer oder Überseeläufer nach Addis Abeba. "Mach einen Vorschlag", entgegnete Haile, "und schicke ihn mir zu." Was ich dann tat.

Dr. Yilma Berta und Freund Amanuel nahmen sich schließlich des Konzeptes an, das neben Marathon auch Halbmarathon und 10 km berücksichtigen wollte.

Nach dem Abebe-Bikila-Lauf 2007 folgten wir nunmehr in diesen neuen Spuren einer Yilma-Idee: Äthiopien-Marathon ja, aber nicht in der Hauptstadt, sondern in Nazaret. Ohne all die ungefilterten Treibstoffgase.

Südlich von Addis Abeba, etwas weniger als 100 km entfernt, abseits von der recht dicht befahrenen Fernverkehrsstraße nach Kenia, liegt dieser Ort Nazaret. Früher hieß die Stadt Adama und ist in der Zeit der Christianisierung nach dem israelischen Nazareth umbenannt worden. Die große Volksgruppe der Oromo, in diesem Gebiet ansässig, hängt heute noch an dem ursprünglichen Namen. "Wir sollten", dachte der Marathontrainer laut im Auto, das uns nach Nazaret fuhr, "einen künftigen internationalen Lauf ‚Ethiopia Adama Marathon' nennen. Sofort hätten wir auch eine größere Resonanz für dieses Vorhaben in der Region."

Die Fahrtstrecke nach Nazaret erwies sich als kurzweilig. Yilma berichtete von seinem Nationalteam, das, für uns unfassbar, jeweils an die 20 Marathon-Männer und -Frauen umfasst, mit persönlichen Bestzeiten, die Mitteleuropäer nur erblassen lassen können. Amanuel erklärte mir von Zeit zu Zeit die Gegend, wobei Debre Zeit, früher Bishoftu, aus mehreren Gründen einen besonderen Platz einnahm. Die Stadt strotzt vor Vegetation, was nicht verwunderlich ist, wenn man erfährt, dass sie von fünf Kraterseen und zwei Stauseen umgeben ist, in denen sich Flamingos, Pelikane, Komorane und Störche tummeln. Ich staunte über eine Safari-Lodge, die sich nicht nur architektonisch hervorragend in die Seenlandschaft einfügte, sondern ihre Bungalowhäuschen sogar mit eigenem Wellness-Bereich ausstattete. Als wir an den Toren mit den Monumenten ehemaliger Mig-Düsenjäger vorbeikamen, erzählte Amanuel von der "Wiege der äthiopischen Luftwaffe" und seinem Vater, der hier

Nazaret, auch Nazret oder Adama benannt: Etwa 95 km südlich von Addis Abeba gelegen. Beliebt durch die heißen Quellen. Grünes Handelszentrum, ca. 300 000 Einwohner. Plantagen für Papayas und Zitrusfrüchte. Ausgangspunkt zum Awash-Nationalpark.

Bild Seite 114: Nazaret hat einen Derartu-Tulu-Boulevard.

schon unter König Haile Selassie, dann unter Mengistu Mariam diente, in den 90er Jahren von der neuen Regierung vorübergehend inhaftiert, dann rehabilitert wurde und heute Pensionär ist.

Noch vor Debre Zeit, in Dukam, hatte uns Yilma zu einer Rast übererdet. Sie sollte eine Überraschung werden. Am Rande der Fernstraße empfing uns Worku Bikila in seiner Taverne, die er sich von seinen Preisgeldern errichten ließ. Kleines Hotel, Terrasse mit Sonnenplätzen. Ein Gastraum, der vor allem einheimische Gerichte anbot, von denen auch hier Injera mit Kitfo am meisten gefragt war. Von den wenigen Bildern, die an den Wänden hingen, fiel eigentlich nur eins auf. Ein Foto, eingerahmt, auf dem Worku Bikila vor Haile Gebrselassie lief. Eine Szene von der 5000-m-Weltmeisterschaft in Stuttgart, wo er, wie so oft, seinen Freund Haile in der Tempo- und Renngestaltung selbstlos unterstützte. Er wurde damals noch Vierter.

Worku freute sich sehr über unseren Besuch, vor allem aber über das unverhoffte Wiedersehen mit Yilma Berta, den er als einen seiner Laufbahn-Väter bezeichnete. Er rückte uns den schönsten Tisch in die sonnigste Ecke seines Gartens, beauftragte seinen Koch, nur die feinsten Rinderstückchen zu grillen und mit den besten, aber wohl auch schärfsten Soßen zu garnieren. Dazu ein kühles Bier. Wir plauderten über Vergangenes und Zukünftiges. So, als Worku Hailes Weltrekord in Hengelo und dann auch dessen Marathoneinstieg mitgestaltete. Unsere Idee, in Nazaret einen eigenständigen internationalen Run ins Leben zu rufen, fand er großartig. "Nur dürft ihr dann eins nicht vergessen - in meinem Lokal eine Pause einzulegen."

Nazaret, Adama. Eine größere Stadt, die man erst erfasst, wenn man wie wir zwei Halbmarathonschleifen zu finden versuchten. Ein Boulevard, ein paar Kilometer lang, der zum hoch aufgetürmten Palast der Regionalregierung führt. Kaufhäuser, Hotels, Märkte und ein zentraler Platz mit Kreisverkehr, auf dem ein Riesenbild der ersten afrikanischen Olympiasiegerin Derartu Tulu steht. Nach ihr ist die Hauptstraße benannt. Sie, die wie viele Leichtathletikhelden im Arsi-Gebiet aufgewachsen und entdeckt wurde, hat hier einen Teil ihrer erlaufenen Gelder investiert. In eine Schule zum Beispiel. Nazaret hat sich als Zentrum für Handel und Landwirtschaft etabliert. Der Bürgermeister ist stolz auf seine Stadt und auch ein wenig wohl darauf, dass wir diese für einen Marathon auserkoren haben. Seine Hilfe würden wir haben, er ließe dann die ganze Stadt vom Verkehr sperren. "Für wie lange?" wollte er noch wissen. Wir orientieren vorab mal auf fünf Stunden. Er lachte: "Kein Problem, auch sieben!"

Die Straßen sind breit, in der Mitte meist geteilt, und recht übersichtlich. Eingesäumt von Pfefferbäumen, Flammenbäumen und Bougainvillea. Eine erste Streckenführung hatte der "Doktor" sehr schnell fixiert und zeigte sich zufrieden. Er würde wohl alles tun, um in den kommenden Jahren Marathontouristen aus möglichst vielen Ländern in seine Heimat zu holen.

Wer in Nazaret weilt, sollte nicht versäumen, einen Tag für den Awash-Nationalpark einzuplanen. Ich jedenfalls nutzte meine Chance, die 95 Kilometer dorthin zurückzulegen. Der Weg, nicht so stark von Verkehr frequentiert, verläuft parallel zur einzigen Eisenbahnstrecke Äthiopiens bis nach Djibouti. Diese aber ist nicht befahrbar, wenn in der Regenzeit die Wassermassen das Gleisbett unterspülen. Das Landschaftsbild veränderte sich völlig. Ich spürte recht schnell, dass ich mich nicht mehr auf tausendfünfhundert und mehr Höhenmetern befand, sondern ins westliche Tiefland geriet. Die Temperaturen stiegen auf 30 Grad und mehr. Kamelkarawanen und Antilopen-

Worku Bikila: langjähriger 5000-m- und 10.000-m-Läufer in der Weltspitze. Vierter über 5000 m bei der WM 1993 in Stuttgart. Unterstützte Haile Gebrselassie u.a. als Tempomacher bei Weltrekordrennen und beim Londoner Marathoneinstand 2002. Betreibt ein kleines Restaurant-Hotel in Dukam, südlich von Addis Abeba.

Bild Seite 116: zu Gast bei Worku Bikila (rechts).

herden zogen durch die Steppe, und plötzlich tauchten sogar Lavafelder auf, wie ich sie bisher nur aus Island kannte. Am hölzernen Tor des Awash-Parkes stieg ein bewaffneter Guide in unseren Geländewagen, eine Vorsichtsmaßnahme, die wohl mehr in den gelegentlichen Streitigkeiten zweier Stämme begründet ist, weniger der Raubtiere wegen. Der Nationalpark, der als ältester und bestentwickelter Äthiopiens gilt, ist nicht nur durch Krokodile, Antilopen, Gazellen und Affen spektakulär geworden, für die, will man sie beobachten, zeitig aufstehen sollte. Mich faszinierten vor allem der 2000 m hohe Vulkan "Fantale", auch die heißen Quellen und die tosenden Wasserfälle. Doch mein Atem stockte nur einmal so richtig, nämlich an jener Stelle, wo ich einen Blick in die 400 oder 500 Meter tiefe Schlucht des Awash-Flusses werfen konnte. Da fiel mir der Große Grabenbruch, das Rift Valley, ein, das das äthiopische Land in zwei Hälften schneidet.

Der Löwe hinter dem kleinen, aber liebevoll gestalteten Parkmuseum konnte keinem mehr das Fürchten lehren. Er, der Unbeholfene, einst von seiner Mutter verloren, von Parkwärtern aufgegriffen, war in einen Käfig gesperrt worden, der nur hin und wieder am Abend geöffnet wird. Dann nämlich, wenn ihn wieder einmal eine frei laufende Löwin besuchen will.

Millennium im September

Wieder wurde ein Haile-Film gedreht. Diesmal von CNN, und diesmal anlässlich des Jahrtausendwechsels in Äthiopien. Denn es ist kein Märchen, sondern eine Tatsache: Am 12. September beginnt hier erst das neue Jahr, und während wir in unserem Kalender bereits das Jahr 2007 zu stehen hatten, bereitete man hier 2000 vor. Millenniumwechsel also.

Wir trafen uns zufällig auf dem Dach des Alem Buldings. Ich hatte eine Einladung zu diesem einmaligen Millennium-Festival erhalten und war wiederum nach Addis Abeba geflogen, wobei ich meine Enkeltochter, die gerade ihr Abitur bestanden hatte, mitnahm. Sie, die reiselustige Joggerin, wollte schon lange einmal das sagenumwobene Land am Horn von Afrika kennen lernen, das einst Punt zur Pharaonenzeit hieß, später Abessinien, nun längst Äthiopien, und natürlich auch, wenn möglich, den legendären Wunderläufer und Volkshelden Haile Gebrselassie. Den Weg zum Letzteren hatte ich ja inzwischen mehrmals ausprobiert, er führte am einfachsten über den Parkplatzwächter des Doppel-Hochhauses. "Haile ist dort oben", teilte er gegen Bakschisch mit und meinte wohl dessen Büro im obersten Stock. Nun war dort noch die Chefsekretärin zu überwinden, aber die kannte mich ja bereits. Haile erschien und umarmte uns, die Enkeltochter hielt er gleich fest und führte uns auf die Dachterrasse. Hier standen in Reih und Glied die CNN-Filmleute, mittendrin der Hermens-Junior, der inzwischen vom Vater Jos das Haile-Management übernommen hatte. Gemeinsames Foto vor dem grandiosen Hintergrund der grünen Stadtteile und einige Informationen.

"Revealed" ("Enthüllend") sollte die Filmproduktion heißen. Hauptdarsteller Haile Gebrselassie, mit dem die Amerikaner an die Orte reisten, wo er einst das Laufen lernte. Ins Arsi-Hochland also, zu den Rundhütten seines Heimatdorfes und zur Schule von Asela, danach hinauf zu den Entoto-Hügeln, ein Gespräch mit Trainer Yilma Berta, Interviews mit Journalisten und schließlich ein Besuch bei Familie Gebrselassie privat. Die Feiern zum neuen Millennium in Addis Abeba kamen für den Film wie gerufen. Haile spielte, wie immer ohne sich aus der Ruhe bringen zu lassen, wunderbar mit. Nur in der

Der Awash-Nationalpark: Weltnaturerbe. 90 km östlich von Nazaret in durchschnittlich 900 m Höhe, 850 qkm groß, mit einem erloschenen Vulkan, Wasserfällen und heißen Quellen. Gazellen, Spieß- und Wasserböcke, Paviane, Klippspringer, Krokodile, Flusspferde, Löwen, 300 verschiedene Vogelarten. Gut ausgebaute Pisten.

Bild Seite 118: im Awash-Nationalpark.

eigentlichen Nacht vom 11. zum 12. September wimmelte er alle Öffentlichkeit und damit auch das Kamerateam ab. So drehten die Fernsehleute kurzerhand das Millennium mit Haile vorzeitig. Die ganze Haile-Familie, sechs Mitglieder inzwischen, in traditionellen Trachten der Amharen. Haile in weißer Tunika mit sektfarbener Schärpe, die Mädchen in leuchtend blauen Kleidern. Sie tanzten und sangen auch an dem nächtlich improvisierten Millennium-Feuer. Dann aber zog sich Haile zurück. "Neujahr ist ein Fest für die Familie", betonte er und sagte auch das offizielle Spektakel ab, für das eine Riesenhalle für 20 000 Gäste aus Äthiopien, Afrika und Übersee an der Bole Road gezimmert worden war.

Ich gebe zu, dass ich mich mit dem äthiopischen Kalender schwer tue. Wo gibt es schon so einen in der Welt? Nur hier. In diesem einen Land der Welt ist noch der Julianische Kalender, auch als "Ethiopic Calendar" bezeichnet, gültig. Mit 13 Monaten, davon 12 mit 30 Tagen, der dreizehnte übernimmt den Rest von fünf oder sechs der übrig gebliebenen. Dazu noch ein täglicher Unterschied von sechs Stunden zur mitteleuropäischen Zeitmessung. Eine Zeitrechnung, die erst nach Christi Geburt eingeführt wurde. Das neue Millennium, das Jahr 2000, begann nach diesem Julianischen Kalendarium exakt am 12. September 2007 um 12 Uhr mittags. Danach hätten wir also ausschlafen können, um dann zu feiern, meinetwegen auch ein Schaf zu schlachten und ein Bier zu trinken. Weit gefehlt!

Jenny und ich wurden von Mesy eingeladen. Mesy, eigentlich Meseret, hat lange schwarze Haare und große dunkle Augen. Sie arbeitet in Amanuels Reisebüro und möchte sich auch auf "Marathon Tours" spezialisieren. Ob es uns etwas ausmachen würde, in einen Vorort von Addis zu kommen, dort zu feiern, wo die befestigten Straßen enden und kaum noch Lichtmasten stehen? Mesy muss täglich mit einer Taxe zur Arbeit fahren, weil von ihrem Zuhause keine Linienbusse eingesetzt werden. Das lässt ihr Monatsbudget gut um ein Drittel schrumpfen. Sie will sich hocharbeiten, sie kann Englisch und lernt nun im Goethe-Institut Deutsch. Von ihrem Gehalt zehrt auch ein Teil der Familie. Die ist zurzeit reduziert. Die Mutter arbeitet in den Emiraten, in Dubai, als Haushilfe, der Vater, ein Konstrukteur, wohnt nicht mit ihr zusammen. So lebt das schlanke, temperamentvolle Mädchen bei Bruder, zwei Onkeln, zwei Tanten und einer Nichte in zweieinhalb Räumen am Rande der ausufernden Großstadt. Die Wohnung war schon immer die Heimstatt der Eltern und Großeltern.

Tesfaye, unser treuer Fahrer, er hat sich wegen uns von seiner Familie abgemeldet, bringt uns zum Mesy-Häuschen. Saubere Räume, eine kleine Veranda, Fernseher, Couch, Sessel, Kommode. Wir werden überaus freundlich begrüßt und haben sofort den Eindruck, dass wir willkommen sind. Wohl zum ersten Mal sind Fremde aus dem fernen Deutschland durch ihre enge Gasse zu ihnen gestoßen, ohne Scheu vor Dunkelheit und Wasserpfützen. Aus den Nachbarhütten funkeln neugierige Augen. Wir werden auf die besten Sessel gebeten, immer wieder geht der Vorhang zum Nebenzimmer auf, aus dem ein Onkel oder eine Tante auftaucht, um uns "Endemn ameshu", Guten Abend, zu wünschen. Natürlich will man Mesys ungewöhnlichen Besuch begutachten. Das Televisionsgerät läuft an diesem Abend des 11. September frei weg, nur unterbrochen von den üblichen kurzen Stromausfällen. Die Festveranstaltung der Regierung wird übertragen, man lauscht aufmerksam, reagiert auf Aussagen, zeigt lautstark die Überraschung, als der Premierminister in traditioneller Kleidung auftritt, freut sich mit uns über die Songs und Tänze in der Vielfalt der Vielvölkerschar dieses ihres schönen Landes.

Millennium: Das Jahr 2000 begann in Äthiopien erst am 12.9.2007. Äthiopien ist das einzige Land der Welt, das sich noch nach dem Julianischen Kalender richtet. Ein Jahr hat 13 Monate, davon 12 mit jeweils 30 Tagen. Der 13. Monat („Quaggimi") ist recht kurz – mit 5 bzw. 6 Tagen.

Bild Seite 120: Millenniumfeier bei den Gebrselassies.

Inzwischen hat eine Tante, auf einem niedrigen Schemel sitzend, in aufwendiger Zeremonie die Kaffeebohnen geröstet, die wir schnuppern müssen und die dann, nach unserer Zustimmung, zu einem köstlichen äthiopischen Espresso verarbeitet werden. Doch erst gibt es "lokales Bier", selbstgebraut, würzig, mit wohl wenigen Prozenten. Inzwischen ist das Fladen-Gericht mit viel Fleisch, Gewürzen und Soßen fertig und wird in einem Rundkorb gut gestaltet angerichtet. Uns werden Wasserschüsseln gereicht, in denen die Hände zu säubern sind. Die besten Bissen, was Jenny leicht verunsichert, bekommen wir dann von Mesy, eine besondere Ehrerbietung, in den Mund geschoben.

Etwa zwei Stunden vor Mitternacht werden wir auf die Straße gebeten. Hier wird ein Feuer vorbereitet. Jeder erhält ein Reisigbündel, das alle in diesem entzünden. Als Gäste haben wir den ersten aufsteigenden Rauch in Mesys Wohnstätte zu blasen, das soll Glück bringen fürs nächste Jahr. Dann wird im Kreis um das knisternde, inzwischen hoch brennende Feuer recht ausdauernd getanzt und kräftig gesungen. Wir verstehen natürlich kein Wort, nur als die Kinderscharen der Nachbarschaften "Haile, Haile" singen, fragen wir nach. "Sie improvisieren", erklärt Mesy, "und alle Namen, die sie kennen, kommen in ihren Liedern vor." Haile ist eben der bekannteste.

Tesfaye steuert uns eine Stunde vor Mitternacht in die City. Er braucht heute viel Zeit. Von überall her strömen die Menschen, zu Hunderten, zu Tausenden zum Meskel-Platz. Sie sind festlich gekleidet, halten grüngelbrote Millennium-Fähnchen in den Händen, singen und rufen sich Grüße zu. Viele halten ihre Bierflasche in der Hand, wahrscheinlich um anzustoßen. Andere alkoholhaltige Getränke kann sich kaum einer leisten. Wir halten an einem der Hochhäuser im Zentrum, dem "Milk House". Hier gibt es im oberen Geschoss noch ein paar Plätze, statt Milch jedoch Bier oder Wein. Unter uns liegt das nächtliche Addis Abeba, in wenigen Minuten durch ein farbenfreudiges Feuerwerk erleuchtet. Um null Uhr wird das bevorstehende neue Millennium mit lärmendem Jubel begrüßt.

Am Morgen des 12. September, als die äthiopischen Kinder nach altem Brauch von Haus zu Haus ziehen, um mit Gesängen ein paar Birr einzusammeln, liest Haile Gebrselassie in der Tageszeitung, dass er zum "Sportler des Millenniums" gewählt worden war.

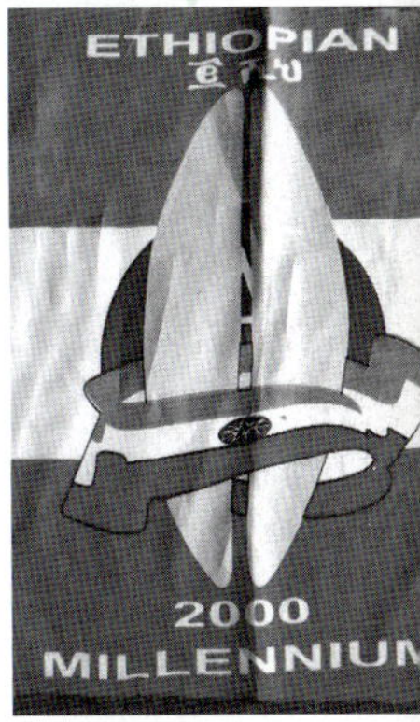

Das Zeichen des äthiopischen Millennium-Festes: eine Kaffeebohne im grüngelbroten Wimpel.

Haile Gebrselassie wurde in Äthiopien zum „Sportler des Millenniums" gewählt. In einer Umfrage nach den „Geschäftsleuten des Millenniums" belegte er Platz 3.

Bilder Seite 122: Nachts brennen die Millennium-Feuer und am Neujahrsmorgen sammeln die Kinder.

Bärenstark mit Weltrekord

Sie zeichnete sich eigentlich längst ab, die Jagd des Haile Gebrselassie nach dem Weltrekord in der Königsdisziplin der Ausdauerläufer. Bei seiner Berliner Marathonpremiere hätte es beinahe klappen können, in Fukuoka war nichts Derartiges vorgesehen, doch die Zeit so "zwischendurch" erwies sich als beachtlich. Dann allerdings folgte der Pollenflug von London, der für ihn einem Absturz gleich kam. Haile, so ist er, gab nicht auf, machte eine Reihe von Allergietests und bereitete sich abermals auf Berlin vor. "Ich wusste, dass ich auf dem Berliner Kurs im September keine Atemprobleme bekommen würde, auf einer Strecke, die mir mehr als alle anderen liegt." Er erhöhte seine Kilometerzahlen pro Woche und trainierte die Endgeschwindigkeit, musste er doch damit rechnen, dass er wieder den letzten Teil des Marathons allein gegen sich und die Zeit zu bekämpfen hat.

Zwei Testrennen gaben ihm schließlich die Gewissheit, dass er sein Vorhaben schaffen könnte. In Ostrava, bei den "Goldenen Spikes", lief er gleich zwei Weltrekorde auf einer 20-km-Strecke, da er zwischenzeitlich die Stundenweltbestzeit noch unterbot. Den Halbmarathon in New York beendete er als Sieger unter einer Stunde, wobei er betonte, dass der Central Park mit seinen Hügeln ganz schön an der Endzeit nagte.

Vor dem Berlin-Marathon 2007 wurden die Medien abermals zu zwei Pressekonferenzen mit ihm eingeladen. Auf der ersten, wieder im August organisiert, stand der Weltrekord seines Freundes und Dauerkonkurrenten Paul Tergat bei allen Fragen im Mittelpunkt. Haile, daran gewöhnt, wich immer wieder aus und verwies auf den 30. September, an dem alles stimmen müsse: Wind und Temperaturen, Tempomacher und Mitbewerber, nicht zuletzt die eigene Form. Waren es die Sponsoren, die ihn auf eine bestimmte Zeit drängten? Haile nahm es gelassen, obwohl er wusste, dass er diese diesmal kaum erreichen würde. Ein Resultat unter der Tergat-Zeit würde ihm reichen. Aber er malte wunschgemäß unter einem Strichläufermännchen die Zeit von 2:03:00 und fügte hinzu: "Möglich ist es schon, doch wann bitte?"

Das zweite Pressegespräch hatte der Veranstalter wie immer zwei Tage vor dem Marathon anberaumt. Ein strahlender Star nahm sofort die Herzen der Medien ein, ließ den Weltrekord nicht mehr ganz so offen, was man auch an seinen blitzenden Augen im dunkelfarbenen Gesicht erahnte, und stand nach den Statements allen Journalisten weiter zur Verfügung. Gegen Ende der Prozedur drängte ich mich auch noch vor, weil ich eine besondere Aufgabe lösen musste. Einer unserer "Marathon"-Schulspender hatte mir nämlich einen der bekannten schönfarbigen Keramikbären in die Hand gedrückt und darum gebeten, diesen Haile Gebrselassie unbedingt noch vor dem Start zu überreichen. Er erinnerte sich daran, dass wir ihm vor einem Jahr einen Stoffbären schenkten, nun sollte der zweite Bär ebenfalls Glück bringen. Haile lachte, freute sich und wusste natürlich um die Bärengeschichte. Mit einem Foto dokumentierte ich noch schnell das Ereignis am Rande.

Dann war es soweit. Am Sonnabend hatte er noch erschrocken durch das Hotelfenster geschaut, wobei sein Lachen verstummte, weil draußen der Regen nicht aufhörte. Da habe er sich ernsthaft gefragt, ob er hier doch am falschen Ort wäre. Dann aber der perfekte Sonntagmorgen. Haile strahlte wie die Sonne und ging vor dem Startschuss erst einmal auf seine Fans zu.

Bild Seite 124: Bei der Pressekonferenz zum Berlin-Marathon 2007 zeichnete Haile einen Marathon-Rekordwunsch.

34. real.-Berlin-Marathon, 30. September 2007, 15 bis 17 Grad:

Schon auf den ersten Metern setzt er sich als Favorit von den mehr als 33 000 Teilnehmern ab, begleitet von fünf Tempomachern, die ihn wieder wie Personenschützer abschirmen. Fast windstill und gute Lauftemperaturen. Die Kilometer spult er ab wie ein eingestellter Motor. Die ersten 20 Kilometer zwischen 2:54 und (nur einmal) 3:00 Minuten. Halbmarathonzeit 62:29, 18 Sekunden schneller als im Vorjahr. Die Zuschauer ahnen, was sich hier abspielt und feuern ihn immer wieder an. Später sagt Haile, dass es ihm vorkam, als wären diesmal doppelt so viele Leute an der Strecke gewesen. Bei Kilometer 30, als die letzten beiden Tempo-Hasen das Feld endgültig verlassen, hat er 29 Sekunden gegenüber Paul Tergats Weltrekordzeit gut gemacht. Er bedankt sich bei seinem Landsmann Eshetu Wondimu und dem Kenianer Rogers Rob, indem er einen Daumen nach oben streckt, und strebt allein dem Brandenburger Tor zu. Die letzten Kilometerzeiten ohne Konkurrenz fast durchweg in 2:52 Minuten. Was für ein Tempo! Eine Stundengeschwindigkeit von 20,35 km werden im Ziel ermittelt, als der neue Weltrekordmann in 2:04:26 Stunden scheinbar anstrengungslos, wie gewohnt breit lächelnd, das Band durchläuft. Die beiden Zeigefinger als Siegeszeichen wieder in die Höhe streckend. Der Traum des kleinen Äthiopiers mit dem großen Kampfgeist und der Traum des Berlin-Marathon-Teams sind in Erfüllung gegangen.

Trubel und Jubel im Zielbereich wollten

nicht enden. Haile schien das nichts auszumachen, er war irgendwie für alle da. Den Reportern gab er Interviews, dem Berliner Publikum warf er Kusshände zu, Gete Wami, seine Mannschaftsläuferin, umarmte er, sie hatte abermals den äthiopischen Doppelsieg komplettiert. Am ersten Handy, das ihm Renndirektor Mark Milde reichte, hörte er die Stimme von Alem und die Gesänge seiner Familie und Freunde zu Hause. Glückwünsche aus der Heimat, und das wenige Minuten nach dem Finish. Eine neue Erfahrung. Erstmals wurde der Berlin-Marathon im afrikanischen Hochland life übertragen, alle verfügbaren Fernsehgeräte waren nicht nur in Addis Abeba umlagert. "Weißt du", erklärte mir der Wunderläufer einmal, "die Leute sagen zwar zuerst ‚Haile hat gewonnen', um dann gleich zu ergänzen: ‚Äthiopien hat gesiegt'." Der zweite Anruf kam aus Kenia. Paul Tergat, der entthronte Weltrekordler, gratulierte zuerst dem Renndirektor und dann seinem Freund und nunmehr neuen Marathon-König. Haile dankte und entschuldigte sich zugleich: "Sorry Paul, dass ich dir den Rekord wegnahm. Aber du kannst es ja noch mal versuchen."

Siegerehrung mit Lorbeerkranz, "Ehrenrunde" zum Brandenburger Tor und zurück, Autogramme für viele ankommende Läufer auf ihre Startnummern. Ein Sonnentag, ein Freudentag. Mein Bemühen, an meinen inzwischen guten Bekannten heranzukommen, scheiterte erst einmal. Ich hätte ihn gern mit zwei Marathonmännern bekannt gemacht, die im Hintergrund standen. Der eine war soeben als bester deutscher Teilnehmer durch das Zieltor gerannt und von seinem Vater in Empfang genommen worden: Falk, der einstige Triathlet, trainiert von Waldemar Cierpinski. Den zweifachen Marathon-Olympiasieger, nach Abebe Bikila der einzige, der dieses Doppel schaffte, hätte Haile Gebrselassie gern, ich wusste das, einmal persönlich die Hand geschüttelt.

Bei der Sieger-Pressekonferenz steuerte Haile auf mich zu. Grinste schon von weiten, umarmte mich und flüsterte mir ins

34. Berlin-Marathon, 30.9.2007:
1. Haile Gebrselassie (Äth) 2:04:26 - WR
2. Sammy Kirui (Ken) 2:06:51
3. Salim Kipsang (Ken) 2:07:29
Frauen:
1.Gete Wami (Äth) 2:23:17
2. Irina Mikitenko (D) 2:24:51
3. Helena Kirop (Ken) 2:26:27

Bild Seite 126: Eingerahmt von seinen Tempomachern durch Berlin-Moabit.

Weltrekord(ab)lauf von Haile Gebrselassie

km-Marke	km-Zeit	Zw.-Zeit
1 km	2:57	0:02:57
2 km	3:00	0:05:57
3 km	2:57	0:08:54
4 km	2:56	0:11:50
5 km	2:53	0:14:43
6 km	2:55	0:17:38
7 km	2:59	0:20:37
8 km	2:54	0:23:31
9 km	2:56	0:26:27
10 km	2:57	0:29:24
11 km	2:58	0:32:22
12 km	2:58	0:35:20
13 km	2:58	0:38:18
14 km	2:58	0:41:16
15 km	2:58	0:44:14
16 km	2:59	0:47:13
17 km	2:58	0:50:11
18 km	2:59	0:53:10
19 km	2:59	0:56:09
20 km	2:59	0:59:08
21 km	3:00	1:02:08
22 km	2:58	1:05:06
23 km	3:01	1:08:07
24 km	2:58	1:11:05
25 km	2:59	1:14:04
26 km	2:59	1:17:03
27 km	3:00	1:20:03
28 km	2:59	1:23:02
29 km	2:52	1:25:54
30 km	3:00	1:28:54
31 km	2:57	1:31:51
32 km	2:56	1:34:47
33 km*	3:00	1:37:47
34 km*	3:00	1:40:47
35 km	2:50	1:43:37
36 km	2:56	1:46:33
37 km	2:55	1:49:28
38 km	2:52	1:52:20
39 km	2:52	1:55:12
40 km	2:55	1:58:07
41 km	2:52	2:00:59
42,195 km	-	2:04:26
1. HM		1:02:29
HM		1:01:57
entspricht:	2:56 min/km, 20,35 km/h, 5,65 m/s	

* = geschätzt (33-km-Schild stand wahrscheinlich falsch)

Ohr: "Der Bär!" Er hatte nicht vergessen, dass er zum zweiten Mal einen Bären als Glücksbringer von seinen deutschen Freunden erhalten hatte. Dann ließ er sich ein Blatt Papier reichen. Darauf schrieb er: "Thank you for the bear". Das Dankeschön hängt inzwischen, mit Übergabefoto, in einem Berliner Büro.

Viele Fragen, viele Antworten, der Sieger konnte nicht oft genug beteuern, wie glücklich er war. Und das sah man ihm an. Strahlender vermochte selbst ein immer lachender Haile Gebrselassie nicht auszuschauen. Doch, wie nun weiter? Rückt der Berlin-Marathon erstmal in weitere Ferne? Wird Peking ein olympischer Marathontriumph? Oder zerstieben solche Träume an Smog und hoher Luftfeuchtigkeit? Der neue König der Marathonszene bat um eine Pause. Eine Pause des Nachdenkens und Neuordnens. "Jetzt bin ich erst einmal froh über den Weltrekord, der mir gehört."

Aus "Laufzeit" 11/2007

6.
Auf weiteren Spuren

Winter-Zeit in Afrika

Auf der Suche nach Gold

Vorolympische Irritationen – was denn nun?

Peking ist schön, Berlin ist schöner

Die Legende lebt weiter

Winter-Zeit in Afrika

Juni in Addis Abeba. Noch afrikanischer Herbst oder schon Winteranfang? Kaum einer macht sich darüber Gedanken, ob der „Krempt“, die Winterzeit, exakt am 2. Juni europäischer oder am 8. des äthiopischen Monats, hier „Senee“ genannt, beginnt. Da berichtet man mir nach meiner Ankunft von anderen, weitaus größeren Sorgen. Im Herbst war die „kleine Regenzeit“ so gut wie ausgefallen. Mit fatalen Folgen. Der Wassermangel führte zu Engpässen in den Wasserkraftwerken rund um die Hauptstadt. Jeder Bezirk von Addis Abeba erhielt daraufhin für jeweils drei Tage in der Woche mehrstündige Stromsperren verordnet. Ich gewöhnte mich schnell daran, dass meine Pensionswirtin abends ein paar Kerzen in Zimmer und Bad stellte. Mit einem Lächeln, dem typisch äthiopischen. Zwangsläufig fand ich mich auch damit ab, dass ich die Europameisterschaftstore der Fußballer auf dem Bildschirm nur häppchenweise serviert bekam. Was aber hatten die Bewohner dieses Hochlands seit meinem letzten Aufenthalt alles verschmerzen müssen! Nicht nur die Energie, auch die Lebensmittelpreise waren enorm gestiegen, teils sogar um das Dreifache. „Nun fällt schon die kleine Mittelschicht in die Armut“, stöhnte Andy, der Reiseführer der letzten Jahre, mit dem mich traf. „Es gibt inzwischen nicht nur Obdachlose, die sich täglich über eine einzige Mahlzeit freuen.“

Ende des Juni-Monats, so hofften alle, würde es wieder genügend Elektrizität geben.

Denn kurze Schauer kündigten bereits die „große Regenzeit“ an. Die Luft ist auch in dieser Zeit feucht und warm. In der Höhe ist das auszuhalten, im Tiefland klettern die Temperaturen auf über 30 Grad. Wer weiß schon,

dass in der Damakil-Ebene, nahe bei Eritrea, 60 Grad im Schatten gemessen werden? Eine der heißesten Gegenden der Erde. Erst wenn die „lange" Regenzeit hereingebrochen ist, teils sintflutartig, reden die Menschen in Äthiopien vom „Winter". Addis Abeba steht oftmals Tage lang unter Wasser. Spätestens im August freuen sich dann alle auf den Frühling, der mit dem Neujahrsfest im September beginnt.
Es ist eben manches anders am Horn von Afrika.

Da ich mit Haile noch nicht verabredet war, nutzte ich die Zeit zu anderen Unternehmungen. So fuhr ich mit Freund Amanuel wieder einmal zu „unserer" Schule nach Shafamu. Die Direktorin war per Handy nicht erreichbar. Wie sich später herausstellte, hatte sie das Gerät zum Aufladen ins 30 km entfernte Welkite geschickt, wo es Steckdosen und Strom gab. Umso freudiger war die Überraschung, als wir, sogar mit einem voller Schulbänke hoch beladenen Lastwagen, durch das Dorf schaukelten. Die Kinder des neu entstandenen Schulgebäudes waren nicht zu bremsen und schleppten die neuen Möbel selbst eilfertig in ihre Klassenräume. Wir schauten uns um und waren recht angetan. Seit der Eröffnung vor einem Jahr wuchsen nicht nur die Vorgärten bunt und hoch, die 3. Klassen hatten inzwischen ein eigenes Zuhause, und das Bauende der Lehrerunterkünfte schien abzusehen. Was nur zwölf Wohnquadratmeter für jeden Lehrer bedeutet, kann nur der ermessen, der einmal miterlebte, wie diese in den Regenzeiten Tag für Tag vier Kilometer hin und vier zurück durch den Schlamm von Shafamu stiefelten.

Das Direktorenzimmer entwickelte sich zu einer Art „Schulmuseum". Fotos, Dokumente und Erinnerungstücke an unsere bisherigen Besuche – sogar die schlappen Reste der farbigen Luftballons – wurden fein dekoriert an den Wandseiten angebracht. Die runde Bahnhofsuhr, ein Geschenk Stendaler Läufer, erhielt einen für jeden sichtbaren Platz – die Zeiger natürlich sechs äthiopische Stunden zurückgedreht. Einen Aushang,

Seite 130: So schaut man von Hailes Büro auf Addis Abeba.

per Hand auf Amharisch geschrieben, ließ ich mir übersetzen. Er gab die Namen eines gegründeten „Schulrates" wieder, der monatlich tagt und in dem – wie die engagierte, doch zurückhaltende Direktorin stolz vermerkte – auch ein Schüler mitwirkt. Amanuel erkundete inzwischen noch andere Neuigkeiten. So ist diese Grundschule namens „Marathon", entstanden aus Spenden deutscher Läufer, ein Vorzeigeobjekt in dieser Region geworden, zu der 64 Dörfer zählen. Jeder möchte hier lernen, viele melden sich einfach an, doch die Kapazität mit 419 Jungen und Mädchen bei sieben Klassenräumen ist vorläufig erschöpft.

Dann rückten wir noch mit einer letzten bangen Frage heraus: „Wo sind denn die deutschen Schulrucksäcke von der Vorjahrsaktion geblieben?" Nirgendwo entdeckten wir sie. Verscherbelt? Oder wurden sie praktischerweise gar zu Transportmitteln für die Feldarbeit verwendet? Die Direktorin schaute uns erst leicht irritiert an, dann lachte sie herzhaft: „Nein, nein, die liegen unter den Bänken, in den Fächern. Sie sind uns heilig. Keiner darf die Schule betreten, der nicht mit seiner Tasche ankommt."

Auf der Suche nach Gold

Wo befindet sich Hailes Goldmedaille von Atlanta? Ich hörte, dass er sie einer Kirche auf den Entoto-Hügeln stiftete. Doch welcher? Ich begab mich auf die Suche. Mein erster Weg führte zur Maryam-Kirche, der größten und bekanntesten auf dem Wege zum 3000-m-Gipfel. Hierher pilgern jeden frühen Morgen die in weiße Gewänder gehüllten Gläubigen. In großen Scharen. Zeitgleich steigen auf dem kirchlichen Parkplatz die Laufgötter aus ihren Trainingsanzügen.

Als ich eintraf, waren alle Messen bereits gelesen. Ruhe in den Eukalyptuswäldern. Hinter der Maryam Church bestieg ich die hölzernen Reste des einstigen Palastes von Melenik II., dem Hauptstadtgründer Ende des 19. Jahrhunderts. Ein schon eigenartiges Gefühl, so auf der brüchigen Veranda zu stehen, dort, wo die kaiserliche Gattin einst ins weite Tal schaute und ihren Gemahl überzeugte: „Melenik, hier bleiben wir!“
Vor dem Kaiserpalast ein gepflegtes Melenik-Museum. Ob in diesem das Olympiagold des Laufkaisers Gebrselassie lagerte? Tatsächlich fand ich mit Hilfe eines Museumswärters und seiner Taschenlampe eine Glasvitrine mit blinkenden Medaillen und einem kristallenen Pokal. Auch olympisches Gold darunter – allerdings das von Gezahgne Abera aus Sydney. Und daneben noch eine weltmeisterliche Goldmedaille von Berhane Adere aus Paris. Von Haile thronte jene, nicht gerade dekorative, doch dafür riesige Pokalvase, die er für seinen Dubai-Marathonsieg erhielt. Leider war keine Goldmedaille von Atlanta zu entdecken.

Jeepfahrer Dedeje, der mich diesmal durch Addis steuerte, überlegte nicht lange. Auf der anderen Seite des Entoto-Hügellandes befand sich eine weitere Kirche, die „Kidame Mirete“. Wir schlängelten uns wieder hinunter ins Tal, an den vielen Dutzend Textilständen vorbei, dann wechselte Dedeje abrupt die Richtung und schob uns, dabei alle Pilger, Lastenträger und versprengte Schafsböcke sicher umkurvend, wieder Entoto aufwärts. In einem Wäldchen, etwas versteckter und damit fern aller Hauptstadthektik, tauchte die gesuchte Gebetsstätte auf, ein hübsch anzusehendes vieleckiges Holzge-

Die Religionen sind vielfältig. Etwa 40 % der Äthiopier sind orthodoxe Christen, 10 % Protestanten, 45 % Muslime. Christentum und Islam leben friedlich nebeneinander. Zu den vielen kirchlichen Festen gehört das Meskel-Fest zum Gedenken an das "Finden des wahren Kreuzes" am 27. September, da ist hier schon Frühlingszeit. Auch gibt es noch Naturreligionen bestimmter ethnischer Gruppen.

Seite 132: Frauen auf dem Wege in die Region Welkite. Schirme, möglichst riesig, sind unentbehrlich - in der Regen- und auch in der Sonnenzeit.

bäude. Doch leider – es war verriegelt.
Ein Pope wurde befragt. Hailes Goldmedaille? Ja, er wusste Bescheid. Die gäbe es hier, doch nicht im Inneren der Kirche, sondern - ein Museum hätten sie leider nicht - in einer Kassette. Fest verschlossen. Ob wir sie sehen könnten? Kopfschütteln. Der Mann, der den Schlüssel dazu verwahrt, sei im Moment nicht erreichbar. Dedeje deutete auf mich und erläuterte dem Kirchenmann, dass ich extra aus Germany gekommen sei und ob man da nicht etwas machen könne. Nun konsultierte dieser einen Priester, und beide kamen nach längeren Disputen schließlich zu einem unerwarteten Vorschlag: Ich solle bitte das höchste orthodoxe Oberhaupt, den Bischof von Addis Abeba, aufsuchen und eine schriftliche Genehmigung einholen. Dann würden sie sofort alles unternehmen, um die Kassette öffnen zu lassen.

Meiner anfänglichen Sprachlosigkeit folgte ein verständnisvolles Nachdenken. Spätestens an dieser Stelle wurde mir klar, welch hohen Wert die erste olympische Siegmedaille Haile Gebrselassies besitzt. Einerseits für dessen Lieblingskirche, von der aus er hunderte Trainingsläufe startete und in der er hunderte Male betete. Doch darüber hinaus wohl auch für das gesamte, oft geschundene Land Äthiopien, das sich mit diesem edlen Metall von Atlanta ebenfalls königlich gewürdigt fühlte.

Vorolympische Irritationen – was denn nun?

Anfang Januar des Jahres 2008 schien die Haile-Laufwelt noch in Ordnung zu sein. Die 250 000 ausgelobten Dollar für einen Sieg beim Dubai-Marathon wollte sich der

34jährige nicht entgehen lassen. Zugleich sollten sie einen fester Startpunkt im olympischen Jahr markieren. Eine Million waren für einen neuen Weltrekord ausgeschrieben worden. Was sich die Scheichs des Emirate-Reichs eben so leisten können... Haile nahm die Dollar-Chance wahr, siegte und verpasste seinen eigenen Weltbestwert um 28 Sekunden. Zufrieden? Nicht ganz, wie mir sein Trainer Dr. Yilma Berta später erzählte. Denn der Wunderläufer hatte sich tatsächlich auf die Dollarmillion eingestellt. „Dubai ist eine der flachsten Marathonstrecken der Welt“, so Yilma, „und wenn die Tempomacher nicht am Anfang überzogen hätten, wäre ein neuer Rekord auch geglückt.“ Für die ersten 10 Kilometer wurden 28:39 Minuten gestoppt. Noch war Marathon-Peking in Hailes Blickfeld.

Wohl dann nicht mehr, als er in Lissabon die schnelle Halbmarathonstrecke am Tejo in Weltjahresbestzeit herunterspulte. Da hatte er bereits mitteilen lassen, dass er nicht auf den olympischen 42,195 km starten werde. Seine Begründung: „Die Umweltverschmutzung in China ist eine Bedrohung für meine Gesundheit.“ Er habe nach den Erfahrungen von London Angst, dass der Peking-Smog seiner Gesundheit nachhaltig schaden könne. Die Resonanz auf seinen Marathonverzicht erwies sich in aller Welt derart gewaltig, dass er sich drei Tage darauf noch einmal zu Wort meldete: Er habe eine sportliche Entscheidung zu treffen, keine politische. Er wende sich keineswegs gegen China als Olympiaausrichter und würdige die Anstrengungen der Veranstalter. Ihm, der unter Asthma leide, gehe es nur um sein eigenes Wohlergehen.

Ende März eine neue Pressemeldung, in der der Doppel-Olympiasieger einen 10.000-m-Olympiastart in Aussicht stellte. Darauf folgte Anfang April eine Aussage des äthiopischen Nationaltrainers Dr. Woldekostre, die eine Agenturrunde in der Welt machte: „Er (Haile Gebrselassie) kann mit den jungen Leuten über 10.000 m nicht mehr mithalten. Wir haben fünf

Dubai-Marathon, 18.1.2008:
Männer
1. Haile Gebrselassie (Äth) 2:04:53 (250.000 $)
2. Issaac Macharia (Ken) 2:07:16 (100.000 $)
3. Sammy Korir (Ken) 2:08:16 (50.000 $)
Frauen
1. Birhane Adere (Äth) 2:22:42 (250.000 $)
2. Bezunesh Bekele (Äth) 2:23:09 (100.000 $)
3. Askale Tafa (Äth) 2:23:23 (50.000 $)

Lissabon-Halbmarathon, 16.3.2008:
1. Haile Gebrselassie (Äth) 59:15

Hengelo 10.000 m, 24.5.2008:
1. Sileshi Sihine (Äth) 26:50,53
2. Haile Gebrselassie (Äth) 26:51,20

Seite 134:
Auf der flachen Marathonstrecke in Dubai.

mit Zeiten unter 27 Minuten... Wir lieben und verehren ihn, aber es wird für ihn nicht reichen."

Empore Gebrselassie reagierte leicht verärgert. Nun wollte er es zeigen, und er zeigte es allen Zweiflern, dass er als Mittdreißiger auch über 10 Bahnkilometer noch nicht zum alten Eisen gehört. In Hengelo, seinem oftmaligen Rekordstadion, lief er ein Rennen wie in früheren Tagen: 26:51,20 – neun Sekunden unter der äthiopischen Olympianorm. Damit hatte er sich für Peking qualifiziert.

Peking ist schön, Berlin ist schöner...

Haile ließ mich warten. Er war, wie stets einmal im Jahr, zu einem Vortrag in die Addis-Abeba-Universität geladen worden. Seinen Trainer ließ er per Handy wissen, es dauere diesmal etwas länger. Ich schaute mir inzwischen die Fotos in seinem Büro-vorzimmer an, Haile als Joungster, Haile als Olympiasieger, Haile mit Familie. Als er dann mit einer Stunde Verspätung kam, lachte er und war noch ganz im Banne der zurückliegenden Auditorium-Stunden. „500 Studenten, noch nie hatte ich vor so vielen geredet.

Eine fantastische Stimmung. Die wollten mich nicht loslassen. Sorry."

Ich hatte ihm bereits zwei Umschlagvarianten und viele Bildseiten dieses neuen Buches mitgebracht. Haile zeigte sich angetan, besonders vom Titelbild, und mischte sich gleich ein. „Nimm das Foto vom Berlin-Marathon und setze den Titel in rot", schlug er vor, um dann aber wieder einzulenken: „Nein, du bist der ‚Eigentümer', du entscheidest natürlich selbst." Also – der Berlin-Marathon ist gebucht? „Ich habe den Vertrag unterschrieben. Ich freue mich auf Berlin, eure Hauptstadt liebe ich gleich nach meiner." Auf zwei Fotos blickte er besonders interessiert. Das eine zeigte die Rundhütten seiner Eltern auf dem Dorfe nahe bei Assela. Bei dem anderen verharrte er noch länger. Auf der Vorjahrspressekonferenz hatte er ein Strichmännlein mit der 2:03-Stundenzeit gemalt. Damals schmunzelte er nur dazu und ließ sich nicht aus der Reserve locken. Hier im siebenten Stock des Alem Building sinnierte er nun: „Das wäre eine Zeit. Ich glaube, sie ist in Berlin möglich. Natürlich nur, wenn da alle Bedingungen stimmen."

Daraufhin holte ich ein Mitbringsel für ihn aus der Tasche und war überrascht, mit welcher Überschwänglichkeit er sich freute. Ein Berliner Miniatur-Plüschbär, eigentlich nichts Besonderes, ein typisches Hauptstadtsouvenir. Er erinnerte sich sofort, dass er vor allen Berliner Marathonstarts einen Bären erhalten hatte, der ihm immer – er betonte es mit seinem unverwechselbaren Lachen – Glück bescherte. Zwei stehen in seinen häuslichen Trophäenschränken, der dritte würde nun erst einmal dem knapp dreijährigen Sohn Naty in Pflege gegeben werden. Um das Bärchen nicht zu vergessen, steckte er es schließlich unter seine Trainingsjacke. „Peking ist schön", sagte er noch, „doch Berlin ist schöner."
Peking-Marathon somit ade. Ja, aber er laufe nun die 10.000 m zum vierten Mal bei Olympischen Spielen und hoffentlich verletzungsfrei. Die Meldungen stimmten. Mein Nachhaken aller-

Seite 136: Haile an seinem Schreibtisch, oft mit seinem Handy, das er meist zwischen Ohr und Schulter klemmt. Die einzige Möglichkeit für "Auserwählte", mit ihm in Kontakt zu kommen. E-Mails, normale Telefonate und Briefpost werden von seinem Vorzimmer abgefangen.

Rundhütten (hier im Dorf Shafamu), wie sie in den meisten Regionen des Landes typisch sind. Auch die Gebrselassies sind in diesen fensterlosen Wohnstätten aufgewachsen.

dings, ob er damit seinen Landsleuten wie Kenenisa Bekele oder Seleshi Sihine starken Beistand geben wolle, fand er nicht gut. Seine Stirn zog sich in Falten und das Haile-Lächeln verschwand für einen Augenblick. „Weißt du, wer antritt, um nicht zu gewinnen, der hat schon verloren."

Draußen klopften die nächsten Gäste. Das seien die Hausnachbarn, er habe sie mal in sein Office eingeladen, man sehe sich ja sonst kaum. Und morgen müsse er nach dem Training gleich nach Jimma.
Jimma in der Kaffa-Region? Ja, eine besondere Ehre erwarte ihn. Von der dortigen Medizinischen Universität würde er die Doktorwürde honoris causa erhalten.
Nach Dublin und Leeds bereits die dritte!

Die Legende lebt weiter

Die Nachrichten wurden spärlicher. Selbst Trainer Yilma Berta, sonst immer für eine E-Mail gut, ließ nur noch einmal etwas von sich hören. Ich solle verstehen, die Olympiavorbereitungen verlangen jetzt von ihm alle Zeit. Auch Haile schottete sich offensichtlich mehr und mehr vor der Öffentlichkeit ab.

Bei den Berliner Marathonorganisatoren breitete sich leichte Unruhe aus. Zwar brachte ich ihnen aus Addis Abeba die gute Nachricht einer Haile-Unterschrift mit, doch der signierte Vertrag blieb aus. Erst am 22. Juli kam das O.K. des niederländischen Managements, und so konnten sie die vorbereitete Pressemeldung herausgeben: "Startzusage... Weltrekordler Haile Gebrselassie will es noch einmal wissen." Ein drittes Mal beim Berlin-Marathon - ein großartiges Ereignis stand bevor.
Auch mit gewisser Unruhe, das gebe ich zu,

verfolgte ich die letzten Monate vor Olympia, in denen Sileshi Sihine und Kenenisa Bekele auf der einstigen Paradedisziplin des Haile Gebrselassie von sich reden machten. Sihine, als er in Hengelo vor seinem Hero gewann, Bekele, als für ihn in den USA das viertschnellste jemals gelaufenen 10.000-m-Resultat gestoppt werden konnte. Jos Hermens, der lauferfahrene Manager, meldete sich noch in Interviews zu Wort und relativierte Haile-Hoffnungen. "Er wird die 10.000 m ohne Medaille beenden. Er läuft, weil er sich seinen Landsleuten gegenüber verpflichtet fühlt. Die ganze Nation will das, wenn er schon auf den Marathon in Peking verzichtet."

Danach kehrte Langstrecken-Ruhe ein. Ruhe vor dem olympischen Sturm in Chinas Metropole. Der fegte zuerst mit einem brillanten Eröffnungsfeuerwerk durch das "Vogelnest". Unmittelbar danach blinkte eine Internet-Nachricht auf meinem Computer. Frau Zhang Yanjun, die kundige und immer freundliche Fremdenführerin aus der Terrakottasoldaten-Stadt Xi'an, meldete sich aufgeregt. Sie habe auf dem Fernsehbildschirm Haile Gebrselassie beim Einmarsch der äthiopischen Mannschaft vermisst. Kommt er nicht zu uns? Sie erinnerte daran, dass der afrikanische Weltrekordmann auch in ihrem asiatischen Heimatland sehr populär sei. Im Februar hatte er Peking besucht, sich das Wetter und die Marathonstrecke angeschaut. Dabei war ein Bild entstanden, das viele Herzen in diesem Riesenreich der Mitte öffnete. Haile lief mit chinesischen Kindern und unterstützte nachdrücklich eine Hilfsaktion für notleidende Jungen und Mädchen.

Und nun Pekings Olympia ohne den Olympiahelden von Atlanta und Sydney?

Mir gelang es, die Wellen zu glätten. Langstreckenläufer aus den Höhen Afrikas oder von anderswo fliegen zu ihren Wettkämpfen so spät wie nur möglich ein. Somit auch der Mann mit den vielen Superlativen, der sich zum vierten Mal olympisch rüstete. Mit 36 Jahren. Und nochmals, ein wenig notgedrungen, für die zehn Bahnkilometer.

Seite 138: Die Finisher-Medaille des real,- 35. Berlin-Marathon 2008. Erstmals in der Geschichte dieser traditionsreichen Veranstaltung wurde eine Medaille mit dem Porträt eines Weltklasseläufers geprägt, der noch leistungssportlich aktiv ist - und in diesem besonderen Falle sogar für einen Start in Berlin gemeldet hat!

1659

ETHIOPIA
1663
ETHIOPIA
1662
ETHIOPIA
1664

18. August 2008, olympische 10.000 m, sonnig, Temperaturen um 22 Grad, 90.000 Zuschauer im "Vogelnest"-Stadion von Peking.

Die Spannung auf den Traversen des imposanten Stahlstadions teilt sich erst einmal zwischen Dreisprung, Hindernislauf und 10.000 m, konzentriert sich jedoch bald ausschließlich auf die 25 Bahnrunden. Der Hauptanteil der 39 Läufer bleibt zusammen, ein taktisches Konzept ist nicht gleich erkennbar. Eritras Duo macht lange Zeit Tempo an der Spitze, die drei Äthiopier Bekele, Sihine und Gebrselassie halten sich zurück. Vier Runden vor Schluss versuchen die Kenianer das Renngeschehen an sich zu reißen, da mischt sich Haile ein und bemüht sich, die Konkurrenz aus den beiden Nachbarländern in Schach zu halten. Als das Finale eingeläutet wird, zieht Kenenisa Bekele unaufhaltsam auf und davon, und Sileshi Sihine kämpft wieder einmal erfolgreich um den "silbernen" Rang. Haile Gebrselassie wird Sechster und ist nicht unzufrieden. Er umarmt den neuen Langstreckenhelden, der nun wie er zweimal Olympiasieger auf dieser Bahnstrecke wurde. Zu dritt laufen sie, eingehüllt in die grüngelbrote äthiopische Fahne, lachend an einer Schar jubelnder und tanzender Landsleute auf den Stadionrängen vorbei. "Das war gar nicht schlecht", kommentiert "Gebre" in die Mikrofone. "Auch wenn ich auf den letzten 300 m nicht mehr sprinten konnte. Das ging nicht. Ich bin nun mal Marathonläufer geworden." Mit seinem gewinnenden Lachen verkneift er sich diesmal nicht eine Prognose: Seine Karriere sei lange nicht zu Ende. Mindesten zehn Jahre wolle er noch international mitmischen. Und als eine Trumpfkarte soll das olympische London in vier Jahren stechen. Abebe Bikile bleibt unvergesssen...

Der Mann, einst aus einem einfachen äthiopischen Dorf in die komplizierte Welt getreten, bald mit Erfolgen, die ihn zum "Wunderläufer" titulieren ließen, einen Titel, den er sich nicht aussuchte, aber zwangsläufig akzeptieren musste, er kann

Olympia Peking 2008, 10.000 m Männer: 1. Kenenisa Bekele (Äth) 27:01,17, 2. Sileshi Sihine (Äth) 27:02,77, 3. Micah Kogo (Ken) 27:04,11, 4. Moses Masai (Ken) 17:04,11, 5. Zersenay Tadese (Eri) 27:05,11, 6. Haile Gebrselassie (Äth) 27:06,68.

Seite 140 - Peking 2008: Mit der Äthiopierin Tirunesh Dibaba gewinnt erstmals eine Frau 10.000 m und 5000 m bei Olympischen Spielen (oben rechts). Freude bei Kenenisa Bekele, zum zweiten Mal souveräner 10.000-m-Olympiasieger. Silesi Sishine, Kenenisa Bekele und Haile Gebrselassie auf der Ehrenrunde. Als Bekele sechs Tage später noch auf den olympischen 5000 m (12:57,82) siegt, zieht er mit Miruts Yifter gleich, der 1980 in Moskau erstmals auf beiden Strecken Gold errang und in Peking bei der Eröffnung die äthiopische Fahne tragen durfte.

auch ernst und nachdenklich werden. Dann verfliegt zeitweilig sein Lächeln. So bei diesem Statement: "Ich weiß, dass immer noch sehr viele auf mich schauen. Das ist keine leichte Bürde, das ist schon eine Verantwortung. Ich werde gemessen an allem, was ich tue, viele richten sich danach. Ich muss möglichst immer auf dem richtigen Weg sein, sollte nie verlieren und keine Fehler machen. Aber ich bin ja auch nur ein Mensch. Einer, der nicht immer alles richtig macht. Doch auf eins kann man sich verlassen, auch in Zukunft: Alles, was ich tue, tue ich für mein Land."

Die Legende lebt weiter. Selbst wenn der eine oder andere Traum platzen sollte, wird der Ruhm des äthiopischen Klasseathleten und Wohltäters nie verblassen. Auf dem Schreibtisch seines Büros, hoch oben über Addis Abeba, steht der gerahmte Gruß eines Fans. Nicht jeder sieht ihn gleich, ist er doch von Computer, Drucker und Faxgerät leicht verdeckt. Haile Gebrselassie schaut, so vermute ich, hin und wieder hin: "Lieber Haile", steht da zu lesen, "du bleibst immer unser Held!!!"

7.
Meilensteine

Hailes Lauf-Bahn

Hailes Weltrekorde

Hailes Marathonläufe

Rund um den Marathon

Rekordentwicklung Marathon

Die erfolgreichsten Marathonläufer

Die erfolgreichsten Marathon-Nationen

Äthiopische Olympiamedaillen

Hailes Lauf-Bahn

Eine Auswahl seiner bemerkenswertesten Rennen

1988 (1 Start)
19.6.: Abebe-Bikila-Marathon, Addis Abeba, 2:48 - Platz 99.
1991 (2)
24.3.: Junioren-Cross-WM 8 420 m, Antwerpen, 24:23 - 8.
1992 (4)
21.3.: Junioren-Cross-WM 8 000 m, Boston, 23:36 - 2.
18.9.: Junioren-WM 10.000 m, Seoul, 28:03,99 - 1.
19.9.: Junioren-WM 5 000 m, Seoul, 13:36,06 - 1.
8.11.: Ekiden-Staffel 5 000 m, Berlin, 13:24 - 1.
1993 (18)
16.8.: WM 5 000 m, Stuttgart, 13:03,17 - 2.
22.8.: WM 10.000 m, Stuttgart, 27:26,02 - 1.
1994 (15)
26.3.: Cross-WM 12 060 m, Budapest, 34:32 - 3.
4.6.: Adriaan Paulen Memorial 5 000 m, Hengelo, 12:56.96 - 1.
6.7.: Athletissma 10.000 m, Lausanne, 27:15,00 -1.
1995 (12)
27.5.: Classics 2 Meilen, Kerkrade, 8:07,46 - 1.
5.6.: Adriaan Paulen Memorial 10.000 m, Hengelo, 26:43,53 - 1.
8.8.: WM 10.000 m, Göteborg, 27:12,95 - 1.
16.8.: Zürich Grand Prix 5 000 m, 12:44,39 - 1.
1.9.: ISTAF Grand Prix 5 000 m, Berlin, 12:53,19 - 1.
1996 (10)
19.5.: Leichtathletik-Meeting 1 500 m, Chemnitz, 3:34,64 - 1.
29.7.: Olympische Spiele 10.000 m, Atlanta, 27:07,34 - 1.
1997 (17)
9.2.: Leichtathletik-Meeting 800 m, Dortmund, 1:49,35 - 1.
20.2.: Hallen-Meeting 5 000 m, Stockholm, 12:59,04 - 1.
9.3.: Hallen-WM 3 000 m, Paris, 7:34,71 - 1.
31.5.: Adriaan Paulen Memorial 2 Meilen, Hengelo, 8:01,08 - 1.
4.7.: Bislett Games 10.000 m, Oslo, 26:31,32 - 1.

6.8.: WM 10.000 m, Athen, 27:24,58 - 1.
13.8.: Zürich Grand Prix 5 000 m, 12:41,86 - 1.
22.8.: Leichtathletik-Meeting 2 000 m, Brüssel, 4:56,10 - 1.
26.8.: ISTAF Grand Prix 5 000 m, Berlin, 12:55,14 - 1.
1998 (18)
25.1.: Hallen-Meeting 3 000 m, Karlsruhe, 7:26,14 - 1.
15.2.: Hallen-Meeting 2 000 m, Birmingham, 4:52,86 - 1.
1.6.: Adriaan Paulen Memorial 10.000 m, Hengelo, 26:22,75 - 1.
13.6.: Grand Prix 5 000 m, Helsinki, 12:39.36 - 1.
28.8.: Van Damme Memorial 3 000 m, Brüssel, 7:25,09 - 1.
1.9.: ISTAF Grand Prix 5 000 m, Berlin, 12:56,52 - 1.
Gesamtsieger der Golden League
1999 (16)
14.2.: Hallen-Grand Prix 5 000 m, Birmingham, 12:50,38 - 1.
5.3.: Hallen-WM 3 000 m, Maebashi, 7:53,57 - 1.
7.3.: Hallen-WM 1 500 m, Maebashi, 3:33,77 - 1.
6.6.: Leichtathletik-Meeting 1 500 m, Stuttgart, 3:33,73 - 1.
27.6.: British Grand Prix 1 Meile, Gateshead, 3:52,39 - 1.
24.8.: WM 10.000 m, Sevilla, 27:57,27 - 1.
2000 (6)
25.9.: Olympische Spiele 10.000 m, Sydney, 27:18,20 - 1.
2001 (7)
8.8.: WM 10.000 m, Edmonton, 27:54,41 - 3.
26.8.: Äthiopische Halbmarathon-Meisterschaften, Addis Abeba, 1:04,34 - 1.
7.10.: WM Halbmarathon, Bristol, 1:00:03 - 1.
2002 (5)
24.3.: Lissabon-Halbmarathon, 59:40 - 1.
14.4.: London-Marathon, 2:06,35 - 3.
1.6.: Einstundenlauf, Hengelo, abgebrochen
11.12.: 10-km-Straßenlauf, Doha, 27:02 - 1.
2003 (10)
21.2.: Hallen-Grand Prix 2 Meilen, Birmingham, 8:04,69 - 1.
16.3.: Hallen-WM 3 000 m, Birmingham, 7:40,97 - 1.
24.8.: WM 10.000 m, Paris, 26:50,77 - 2.

5.9.: Van Damme Memorial 10.000 m, Brüssel, 26:29,22 - 1.

2004 (6)

20.8.: Olympische Spiele 10.000 m, Athen, 27:27,70 - 5.

2005 (2)

4.9.: 10-Meilen-Lauf Tilburg, 44:24 - 1.

16.10.: Amsterdam-Marathon, 2:06:20 - 1.

30-km-Zeit 1:58:57

2006 (5)

15.1.: Rock´n-Roll-Halbmarathon, Phönix/Tempe, 58:55 - 1.

20-km-Zeit 55:48

12.3.: 25-km-Lauf, Alphen aan den Rijn, 1:11:32 - 1.

16.4.: London-Marathon, 2:09:05 - 9.

24.9.: Berlin-Marathon, 2:05:56 - 1.

13.12.: Fukuoka-Marathon, 2:06:52 - 1.

2007 (5)

22.4.: London-Marathon - ausgeschieden

26.5.:10.000 m Hengelo, 26:52,33 - 5.

27.6.: Golden Spikes, Ostrava, 20 km 56:25:98

Stundenlauf 21 285 m WR

5.8.: Halbmarathon New York, 59:24 - 1.

30.9.: Berlin-Marathon, 2:04:26 - 1.

2008

18.1.: Dubai-Marathon, 2:04:53 - 1.

16.3.: Lissabon-Halbmarathon, 59:15 - 1.

24.5.: 10.000 m Hengelo, 26:51,20 - 2.

17.8.: Olympische Spiele 10.000 m, Peking, 27:06,68 - 6.

Hailes weltbeste Zeiten

1.) 5000 m **12:56,96** (4.6.94 Hengelo)

2.) 2 Meilen 8:07,46 (27.5.95 Kerkrade)

3.) 10.000 m **26:43,53** (5.6.95 Hengelo)

4.) 5000 m **12:44,39** (16.8.95 Zürich)

5.) 5000 m Halle **13:10,98** (27.1.96 Sindelfingen)

6.) 3000 m Halle **7:30,72** (4.2.96 Stuttgart)

7.) 5000 m Halle **12:59,04** (20.2.97 Stockholm)
8.) 2 Meilen 8:01,08 (31.5.97 Hengelo)
9.) 10.000 m **26:31,32** (4.7.97 Oslo)
10.) 5000 m **12:41,86** (13.8.97 Zürich)
11.) 3000 m Halle **7:26,14** (25.1.98 Karlsruhe)
12.)10.000 m **26:22,75** (1.6.98 Hengelo)
13.) 2000 m 4:52,86 (15.2.98 Birmingham)
14.) 5000 m **12:39,36** (13.6.98 Helsinki)
15.) 5000 m Halle **12:50,38** (14.2.99 Birmingham)
16.) 10 km Straße **27:02** (11.12.02 Doha)
18.) 2 Meilen 8:04,69 (21.2.03 Birmingham)
19.) 15 km 41:22 (4.9.05 Tilburg)
20.) 10 Meilen 44:24 (4.9.05 Tilburg)
21.) 30 km 1:28:57 (16.10.05 während Amsterdam-Marathon)
22.) 20 km **55:48** (15.1.06 Phoenix/Tempe, während Halbmarath.)
23.) Halbmarathon **58:55** (15.1.06 Phoenix/Tempe)
24.) 25 km 1:11:37 (12.3.06 Alphen aan den Rijn)
25.) 20 km Bahn **56:25:98** (27.6.07 Ostrava)
26.) 1 Stunde **21 285** m (27.6.07 Ostrava)
27.) Marathon **2:04:26** (30.9.08 Berlin)
(fettgedruckt: anerkannt als Weltrekord)

Hailes Marathonläufe

1.) Abebe-Bikila-Marathon 2:48, Addis Abeba 19.6.88 - 99.
2.) London-Marathon 2:06:35. 14.4.02 - 3.
3.) Amsterdam-Marathon 2:06:20, 16.10.05 - 1.
4.) London-Marathon 2:09:05, 16.4.06 - 9.
5.) Berlin-Marathon 2:05:56, 24.9.06 - 1.
6.) Fukuoka-Marathon 2:06:52, 3.12.06 - 1.
7.) London-Marathon, 22.4.07 - ausgeschieden
8.) Berlin-Marathon, 2:04:26, 30.9.07 - 1. (WR)
9.) Dubai-Marathon, 2:04:53, 18.1.08 - 1.

Rund um den Marathon

Die Ersten

Männer

1986 Erster unter 3:00 (40 km): Spiridon Louis (Gre) 2:58:50
1913 Erster unter 2:40 h: Harry Green (GB) 2:38:17
1925 Erster unter 2:30 h: Albert Michelsen (USA) 2:29:02
1953 Erster unter 2:20 h: Jim Peters (GB) 2:18:41
1967 Erster unter 2:10 h: Derek Clayton (Aus) 2:09:37
1969 Erster unter 2:09 h: Derek Clayton (Aus) 2:08:34
1985 Erster unter 2:08 h: Carlos Lopes (Por) 2:07:12
1988 Erster unter 2:07 h: Belayneh Dinsamo (Äth) 2:06:50
1999 Erster unter 2:06 h: Khalid Khannouchi (Mar) 2:05:42
2003 Erster unter 2:05 h: Paul Tergat (Ken) 2:04:55

Frauen

1971 Erste unter 3:00 h: Beth Bonner (USA) 2:55:22
1979 Erste unter 2:30 h: Grete Waiz (Nor) 2:27:33
1983 Erste unter 2:25 h: Joan Benoit (USA) 2:22:43
2001 Erste unter 2:20 h: Naoko Takahashi (Jap) 2:19:46
2002 Erste unter 2:18 h: Paula Radcliffe (GB) 2:17:18
2003 Erste unter 2:16 h: Paula Radcliffe (GB) 2:15:25

Rekordentwicklung Marathon

Weltbestzeiten/Weltrekorde

Männer

2:55:18 John Hayes (USA) London 24.7.1908
2:52:45 Roy Fowler (USA) New York 1909
2:46:52 James Clark (USA) New York 12.2.1909
2:46:04 Albert Raine (USA) New York 12.12.1909
2:42:31 Fred Barett (GB) London 15.12.1909
2:38:16 Harry Green (GB) London 12.5.1913
2:36:06 Alexis Ahlgren (Swd) London 13.5.1913

2:32:35 Hannes Kolehmainen (Fin) Antwerpen 22.8.1920
2:29:01 Albert Michelsen (USA) Port Chester 12.10.1925
2:27:49 Fusashige Suzuki (Jap) Tokio 31.5.1935
2:26:44 Yasuo Ikenaka (Jap) Tokio 3.4.1935
2:25:39 Yun Bok Suh (Kor) Boston 19.4.1947
2:20:42 James Peters (GB) Cheswick 14.6.1952
2:18:40 James Peters (GB) Cheswick 13.6.1953
2:18:34 James Peters (GB) Turku 4.10.1953
2:17:39 James Peters (GB) Cheswick 26.6.1954
2:15:17 Sergej Popow (SU) Stockholm 24.8.1958
2:15:16 Abebe Bikila (Äth) Rom 10.9.1960
2:15:15 Toru Terasawa (Jap) Beppu 17.2.1963
2:14:28 Leonard Edelen (USA) Cheswick 15.6.1963
2:13:55 Basil Heatley (GB) Cheswick 13.6.1964
2:12:11 Abebe Bikila (Äth) Tokio 21.10.1964
2:12:00 Mono Shigematsu (Jap) 12.6.1965
2:09:36 Derek Clayton (Aus) Fukuoka 3.12.1967
2:08:34 Derek Clayton (Aus) Antwerpen 30.5.1969
2:08:18 Robert de Castella (Aus) Fukuoka 6.12.1981
2:08:05 Steve Jones (USA) Chikago 21.10.1984
2:07:12 Carlos Lopes (Por) Rotterdam 17.4.1988
2:06:05 Belaine Dinsamo (Äth) Rotterdam 17.4.1988
2:06:05 Ronaldo da Costa (Bra) Berlin 20.9.1998
2:05:42 Khalid Khannouchi (Mar) Chikago 24.10.1999
2:05:38 Khalid Khannouchi (Mar) London 14.4.2002
2:04:55 Paul Tergat (Ken) Berlin 24.9.2004
2:04:26 Haile Gebrselassie (Äth) Berlin 30.9.2007

Frauen

3:40:22 Violet Piercy (GB) Cgiswick 3.10.1926
3:37:07 Merry Lepper (USA) Culver City 16.12.1963
3:27:45 Dale Greg (GB) Ryde 23.5.1964
3:19:33 Mildred Sampson (Aus) Auckland 21.7.1964
3:15:22 Maureen Wilton (Kan) Toronto 6.5.1967
3:0726 Anni Pede-Erdkamp (D) Waldniel 16.9.1967
3:02:53 Caroline Walker (USA) Seaside 28.2.1970

3:01:42 Elizabeth Bonner (USA) Philadelphia 9.5.1971
3:00:35 Sara Mae Berman (USA) Brockton 30.5.1971
2:55:22 Elizabeth Bonner (USA) New York 19.9.1971
2:49:40 Cheryl Bridges (USA) Culver City 5.12.1971
2:46:36 Michiko Gorman (USA) Culver City 2.12.1973
2:46:24 Chantal Langlacé (Fra) Neuf Brisach 27.10.1974
2:43:54 Jacqueline Hansen (USA) Culver City 1.12.1974
2:42:42 Liane Winter (D) Boston 21.4.1975
2:40:15 Christa Vahlensieck (D) Dülmen 3.5.1975
2:38:19 Jacqueline Hansen (USA) Eugene 21.10.1975
2:35:15 Chantal Langlacé (Fra) Oyarzun 1.5.1977
2:34:47 Christa Vahlensieck (D) Berlin 10.9.1977
2:32:29 Grete Waiz (Nor) New York 22.10.1978
2:27:32 Grete Waiz (Nor) New York 21.10.1979
2:25:41 Grete Waiz (Nor) New York 26.10.1980
2:25:28 Grete Waiz (Nor) London 17.4.1983
2:22:42 Joan Benoit (USA) Boston 18.4.1983
2:21:06 Ingrid Kristiansen (Nor) London 21.10.1985
2:20:47 Tegla Loroupe (Ken) Rotterdam 19.4.1998
2:20:43 Tegla Loroupe (Ken) Berlin 26.9.1999
2:19:46 Naoko Takahashi (Jap) Berlin 30.9.2001
2:18:47 Catherine Ndereba (Ken) Chikago 7.10.2001
2:17:18 Paula Radcliffe (GB) Chikago 13.10.2002
2:15:25 Paula Radcliffe (GB) London 13.4.2003

Die erfolgreichsten Marathonläufer aller Zeiten

Zweimal Olympiasieger:
Abebe Bikila (Äth) 1960 und 1964
Waldemar Cierpinski (DDR) 1976 und 1980

Zweimal Weltmeister:
Abel Anton (Spa) 1997 und 1999
Jaouad Gharib (Mar) 2003 und 2005

Die Marathon-Olympiasieger

Männer

1896 Spiridon Louis (Gre)
1900 Michel Theato (Fra)
1904 Thomas Hicks (USA)
1908 John Hayes (USA)
1912 Kenneth Mc Arthur (SAf)
1920 Hannes Kohlemainen (Fin)
1924 Albin Stenroos (Fin)
1928 Boughera El Ouafi (Fra)
1932 Juan Carlos Zabala (Arg)
1936 Sohn Kee-Chung (Jap)
1948 Delfo Cabrera (Arg)
1952 Emil Zatopek (Tsch)
1956 Alain Momoun (Fra)
1960 Abebe Bikila (Äth)
1964 Abebe Bikila (Äth)
1968 Mamo Wolde (Äth)
1972 Frank Shorter (USA)
1976 Waldemar Cierpinski (DDR)
1980 Waldemar Cierpinski (DDR)
1984 Carlos Lopes (Por)
1988 Gelindo Bordin (Ita)
1992 Hwang Young-Cho (Kor)
1996 Josia Thugwane (SAf)
2000 Abera Gezahegne (Äth)
2004 Stefano Baldini (Ita)
2008 Samuel Wanjiru (Ken)

Frauen

1984 Joan Benoit (USA)
1988 Rosa Mota (Por)
1992 Walentina Jegorowa (EUN)
1996 Fatuma Roba (Äth)

2000 Naoko Takahashi (Jap)
2004 Mizuki Noguchi (Jap)
2008 Constantina Tomescu (Rum)

Die erfolgreichsten Marathon-Nationen bei Olympia

Äthiopien 5 Gold/3 Bronze
USA 4 Gold/2 Silber/6 Bronze
Japan 3 Gold/3 Silber/3 Bronze
Frankreich 3 Gold/1 Silber
Südafrika 2 Gold/2 Silber
Italien 2 Gold/1 Silber/1 Bronze
Argentinien 2 Gold/1 Silber
Finnland 2 Gold/3 Bronze
Deutschland 2 Gold/2 Bronze
Portugal 2 Gold/1 Bronze
Kenia 1 Gold/4 Silber/2 Bronze

Anm.: 1x Gold, 1x Bronze wurden 1936 von 2 Koreanern für Japan gewonnen; Korea war annektiert. 2 deutsche Goldmedaillen und 1 Bronzemedaille wurden von DDR-Sportlern errungen.

Äthiopische Olympiamedaillen

1956 (Melbourne):	Debüt mit 12 Athleten. Keine Medaille.
1960 (Rom):	Gold Marathon Abebe Bikila (erster afrikanischer Olympiasieger)
1964 (Tokio):	Gold Marathon Abebe Bikila
1968 (Mexiko):	Gold Marathon Mamo Wolde
	Silber 10.000 m Mamo Wolde
1972 (München):	Bronze 10.000 m Miruts Yifter
	Bronze Marathon Mamo Wolde
1976 (Montreal):	Äthiopien nicht vertreten

1980 (Moskau):	Gold 5 000 m Miruts Yifter
	Gold 10.000 m Miruts Yifter
1984 (Los Angeles):	Äthiopien nicht vertreten
1988 (Soul):	Äthiopien nicht vertreten
1992 (Barcelona):	Gold 10.000 m (F) Derartu Tulu
	(erste afrikanische Olympiasiegerin)
	Bronze 5 000 m Fita Bayisa
	Bronze 10.000 m Addis Abebe
1996 (Atlanta):	Gold 10.000 m Haile Gebrselassie
	Gold Marathon (F) Fatuma Roba
	(erste afrikanische Marathon-Olympiasiegerin)
	Bronze 10.000 m (F) Gete Wami
2000 (Sydney):	Gold 5 000 m Million Wolde
	Gold 10.000 m Haile Gebrselassie
	Gold Marathon Gezahgne Abera
	Gold 10.000 m Derartu Tulu
	Silber 10.000 m Gete Wami
	Bronze 5 000 m Gete Wami
	Bronze Marathon Tesfaye Tola
2004 (Athen):	Gold 10.000 m Kenenisa Bekele
	Gold 5 000 m (F) Meseret Defar
	Silber 5 000 m Kenenisa Bekele
	Silber 10.000 m Sileshi Sihine
	Silber 10.000 m (F) Ejegayehu Dibaba
	Bronze 10.000 m (F) Derartu Tulu
2008 (Peking):	Gold 10.000 m (F) Tirunesh Dibaba
	Gold 5000 m (F) Tirunesh Dibaba
	Gold 10.000 m Kenenisa Bekele
	Gold 5000 m Kenenisa Bekele
	Silber 10.000 m Sileshi Sihine
	Bronze 5000 m (F) Meseret Defar
	Bronze Marathon Tsegaye Kebede

Impressum

Copyright 2008 acasa Werbung & Verlag, Böttingen
Idee, Konzeption und Text: Klaus Weidt
Gesamtgestaltung: Lutz Kuhardt
Druck: Otto-Druck GmbH Oberndorf
ISBN: 978-3-00-025532-8

Bildnachweis
Umschlaggestaltung: Lutz Kuhardt mit Foto von Monika Rassek.
Rücktitel außen: Klaus Weidt (2),
Rücktitel innen: Karte der Ethiopian Airlines (bearbeitet);
Innenteil: Wolfgang Weising (Seiten 16, 108, 171 Mitte rechts), Europäischer Buchklub (18), Jürgen Pröhl (30, 32, 36), Film "Endurance" (38, 44, 56, 156 Mitte unten), "Moskwa 80" (40 unten), Bongarts (62), "Ethiopian Selamta" (54, 56 Mitte, 64 oben, 68, 163, 164, 165), Film "Revealed" (82, 120, 122 oben), Guide Äthiopien (42), Manfred Steffny (167 unten, 181), Lutz Brauch (46, 174 unten); Tourism Commission Ethiopia (161, 162 unten, 183), privat (106, 187, 189, 191); Dubai Marathon (134), Privatbesitz Haile Gebrselassie (98, 50, 184 oben), DPA (140), Archiv (20).
Alle anderen Fotos (94) stammen von Klaus Weidt.

Der Autor
Klaus Weidt, Sportjournalist, Reisemanager, gründete das Läuferjournal LAUFZEIT und die Laufreiseagentur REISEZEIT. Marathon- und Rennsteigläufer. Bisherige Bücher: "Kraftproben" (mit Hilmar Bürger), "Jogger und Sieger" (mit Waldemar Cierpinski), "Laufend unterwegs", "Laufend im Osten", "Laufend auf dem Rennsteig".

Drucklegung: 5.9.2008

8.
Bildhaftes

Seite 156: Rundhütten bei Asela, wo Haile aufwuchs. Darunter Szenen seiner Kindheit aus dem Film "Endurance".

Seite 157: Ein Ölgemälde zu ersten Wettkämpfen. Landwirtschaft in der Arsi-Region wie seit Jahrhunderten.

2008 TOYOTA

SAMSUNG

Seite 158/159: Der Abebe-Bikila-Marathon, eine alljährliche Nachwuchssichtung der Äthiopier, diesmal mit Beteiligung deutscher Hobbyläufer. Darunter: das Grabdenkmal von Abebe Bikila und ein kleiner Trainingslauf mit Haile.

Boeing 787 Dreamliner for Ethiopian
Ethiopian
AFRICA'S WORLD CLASS AIRLINE

Seite 160/161: Der Meskel Sqare (Kreuzplatz): Sportplatz für Hunderte. Tausende feiern alljährlich das Kreuzfest.

Seite 162: die Landschaft des Südens bei Arba Minch.

Seite 163: Derartu Tulu, Olympiasiegerin 10.000 m in Sydney.

adidas
ETHIOPIA
Atlanta
1391

XXVI
OLYMPIAD
ATLANTA 1996

ኢትዮጵያ
ETHIOPIA
" ኃይሌ ገብረሥላሴ የዓለም ኮከብ አትሌት "
ጥቅምት 30 ቀን 1993 ዓ.ም
" HAILE GEBRESELASSIE
WORLD'S ATHILETICS SUPER STAR "
9 November, 2000
Issued by Ministryof Transport & Communications
ETHIOPIAN POSTAL SERVICE
ETHIOPIA
ADDIS ABEBA
F5
09-11-2000
FIRST DAY OF ISSUE

Haile Gebrselassie, Olympiasieger 1996 in Atlanta und 2000 in Sydney über 10.000 m. Begeisterter Empfang nach der Ankunft aus Australien.

Ein Briefmarkensatz wurde anlässlich der Ehrung "Weltleichtathlet 2000" in Äthiopien herausgegeben.

Seite 166: Ein ganzes Land läuft, trägt und - lächelt.

Seite 167: Auf dem Dach des Alem Buildings bei Haile: Hermens jun., CNN-Filmer, der Autor mit Enkelin und Reisemanager Amanuel. Darunter: Haile wird Ehrendoktor der Universität Leeds und läuft im Talar eine Ehrenrunde im Stadion vom Addis Abeba.

Die Schule "Marathon" - ein Spendenobjekt deutscher Laufsportfreunde in der Region Welkite, im Dorf Shafamu.

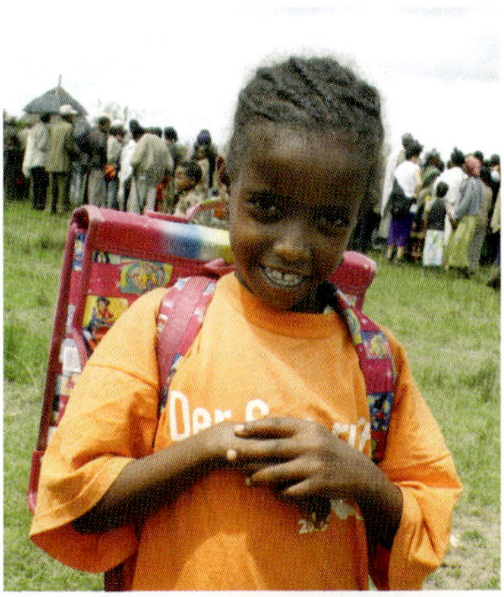

Seite 170: Eröffnung der Schule mit einem Volksfest. Seite 171: Äthiopien - ein "Land der vielen Lächeln".

Zu den größten Sehenswürdigkeiten gehören die historischen Orte im Norden wie Lalibela, Axum und Gondar (hier der Königspalast). Der Fischmarkt von Awasa ist eine Attraktion des Südens.

adidas
real
HAILE
Takeda

HAILE

Berlin-Marathon 2007. Hailes Weg zum Weltrekord 2:04:26. Eine Spezial-Startnummer erhält er von Renndirektor Mark Milde.

real
34. BERLIN MARATHON
29. + 30. September 2007
smart
adidas
Takeda
BERLIN
real
HAILE
Takeda

2:03:00
I w'll show you

Thank. you for the bire

Haile

2:04:26

Zwei Bären deutscher Marathonläufer brachten Haile Glück in Berlin. Er siegte 2006 und 2007 und bedankte sich für diese Glücksbringer.

Auf Seite 176: Hailes Wunschzeit.

Seite 178: typisch äthiopische Tänze und Speisen in der Bar "Abessinia" in Addis Abeba.

Seite 179: drei Laufreisegruppen kamen aus Deutschland in den Jahren 2005 bis 2007 nach Äthiopien.

Seite 180: Haile erhält von uns in seinem Büro einen dritten Bären und freut sich darüber ebenso wie Trainer Dr. Yilma Berta.

Seite 181: Siegerehrung in Addis Abeba 2008 für die 10.000-m-Afrikameisterin Tirunesh Dibaba. Bild unten: äthiopische Laufgrößen verschiedener Zeiten - Sileshi Sihine, 10.000-m-Olympiazweiter von 2004, Miruts Yifter, Olympiasieger über 5000 m und 10.000 m von 1980, und die 5000-m-Afrikameisterin von 2008 Meselech Melkamu. Der Berlin-Marathon-Aufkleber von 2008 mit dem Haile-Sieg von 2007.

Das Simien-Gebirge im äthiopischen Norden mit Gipfeln bis zu 4620 m gilt auch als das "Dach Afrikas".

Seite 182: Diesen beiden Kirchen widmeten äthiopische Laufstars olympische Medaillen - der Maryam-Kirche (oben) und der Kidame-Mirete-Kirche. In letzterer lagert Hailes Gold von Atlanta.

Überall und möglichst oft in Äthiopien zelebriert: die Kaffee-Zeremonie.

Seite 184: Familie Gebrselassie 2008: Haile (mit Doktorhut), seine Ehefrau Alem, seine drei Töchter und sein Sohn. Darunter: eins der beliebtesten Autogrammfotos von Haile.

9.
Nach-Lauf

Dr. David Martin:
Haile - eine Klasse für sich

Mark Milde:
Keiner ist so in Erinnerung geblieben

Manfred Steffny:
Wahre Größe in der Niederlage

Paul Tergat:
Immer wieder eine Herausforderung

Wolfgang Weising:
Afrikas Lächeln

Haile - eine Klasse für sich

Von Dr. David Martin

Haile Gebrselassies Weltrekord im Marathon kann einer, der im Hauptfeld mitläuft, überhaupt nicht begreifen. Laufen Sie mal eine 400-m-Runde in einer Zeit von 70,8 Sekunden und tun Sie das 104 Mal ohne Pause. Damit wären Sie gleichauf mit Haile, müssten aber noch eine knappe Runde in diesem Tempo weiterlaufen, um das Ziel zu erreichen.
Welcher Gebrselassie-Rekord ist nun der Beste? Um alle seine Rennen zu vergleichen, muss man einen Weg finden, die 16 verschiedenen Kombinationen von Laufbelägen (Straße und Bahn), dem Umfeld (Freiluft- oder Hallenveranstaltung) und den Distanzen (von 3000 m bis Marathon) zu analysieren. Die Wissenschaft der Bewegungsphysiologie bietet da ein Instrument der vergleichenden Bewertung an.
Wenn wir uns bewegen, wird unsere Atmung schneller und tiefer. Dadurch wird Sauerstoff in die arbeitenden Muskeln transportiert, was wiederum den Stoffwechsel anregt, um Energie für unsere Muskelbewegungen zu produzieren. Das größte Volumen an Sauerstoff, der aufgenommen und genutzt werden kann, ist eine Menge, die mit "VO2max" bezeichnet wird. Die Einheiten dieser Menge sind Milliliter pro Kilogramm Körpergewicht pro Minute. VO2max wird teilweise durch die Genetik vorbestimmt, kann aber auch durch effizientes Laufen und durch Training mitbestimmt werden.
Hailes 10.000-m-Leistung von Hengelo im Juni 1998 und das 5000-m-Rennen zwei Wochen später in Helsinki stellen wohl seine besten Vorstellungen bis heute (Juli 2008/K.W.) dar. Bei einer Stoffwechselrate - ermittelt als VO2max in ml/kg/min - von 84,7 erreichte er Endzeiten von 26:22,75 (10.000 m) und 12:39,36 Minuten (5000 m). Bei seinem Marathon-Weltrekord in Berlin, wo er die alte Bestmarke von Tergat in 2:04:26 immerhin um 29 Sekunden verbesserte, blieb sein Wert geringfügig kleiner. Wäre er mit jenem Wert von Hengelo oder Helsinki gelaufen, wäre die erstaunliche Zeit von 2:01:32 erzielt worden!
Meine Vorhersage nach der Analyse von Stapeln an Marathon-Finisherzeiten ist die, dass die Zweistundengrenze nicht vor dem Jahr 2015 unterboten wird. Haile wird dann bereits vom Leistungslauf zurückgetreten sein.

Doch sein charismatisches Lächeln und sein mühelos erscheinender Laufstil werden viel dazu beitragen, dass die nächste Generation ihr Bestes geben wird, um dem "Besten Langstreckenläufer aller Zeiten" nachzueifern.

Dr. David Martin, emeritierter Professor der Universität Atlanta/USA, ist Statistiker der AIMS und Coach der US-Langstreckenläufer. Er publizierte zu Haile Gebrselassies weltbesten Leistungen in „Distance Running".

Keiner ist so in Erinnerung geblieben

Von Mark Milde

Der Berlin-Marathon hat schon viele Laufstars erlebt: Uta Pippig, Tegla Loroupe, Naoko Takahashi, Paul Tergat - aber keiner ist so in Erinnerung geblieben wie Haile Gebrselassie. Er hat eine besondere Aura, keine Starallüren, und es gelingt ihm wie keinem Zweiten, die Leute für sich zu begeistern. Dies geschieht aber auf eine natürliche Art und Weise, die ihresgleichen sucht.

Schnell laufen zu können ist eine Sache, aber gleichzeitig mit seiner Persönlichkeit zu beeindrucken, das können nicht viele. Und so gelang es ihm, die Aufmerksamkeit der Weltöffentlichkeit auf sich zu ziehen und wurde einer der wenigen Weltstars aus Afrika. Dass ein Läufer seine Landsleute verzaubert, ist keine Frage, aber dass auch Berliner ihn, losgelöst vom Marathon, im Sommer auf der Straße erkennen und ansprechen, das passiert nicht alle Tage. So waren die bisherigen Auftritte von Haile beim Berlin-Marathon immer besondere Erlebnisse, an die ich mich gern zurückerinnere. Auch wenn es ihm im ersten Anlauf nicht gelang, den Weltrekord im Marathon - der Königsdisziplin im Laufsport - zu brechen, so fand jedoch der zweite Lauf in Berlin den verdienten Eingang in die Geschichtsbücher. Akribisch vorgeplant wurde durch exzellente Tempoarbeit zwischen 10 und 30 Kilometern der Grundstock für den bis dahin schnellsten Marathon aller Zeiten gelegt. Die letzten 12 Kilometer stellten einen beeindruckenden Sololauf Hailes dar, der ihn nach 2:04:26 Stunden ins Ziel brachte und Zeugnis dafür ablegte, dass Haile nun auch die Marathon-

Mark Milde, Renndirektor des Berlin-Marathons seit 2004, Sohn des Begründers und Renndirektors bis 2003, Horst Milde. War bereits in den Jahren vorher für den Einkauf von Top-Athleten verantwortlich.

distanz gemeistert hat. Wir sind stolz, dass wir in seiner langen Karriere, die so reich an Höhepunkten war, ein Puzzlestein waren, der ihm zum größten Läufer aller Zeiten machte.

Wahre Größe in der Niederlage

Von Manfred Steffny

Schon sein Lehrer fragte Haile, warum er so oft lache. Der Schüler konnte nur mit den Achseln zucken. Er war halt so, freundlich und offen nahm er alles von der positiven Seite. So auch in den wenigen Niederlagen.

Große Sportchampions haben sich vor allem am Ende ihrer Karriere oft als schlechte Verlierer gezeigt. Es hat sogar Fälle gegeben, dass Stars einer Leichtathletikveranstaltung einen gefährlichen Gegner aus ihrem Wettbewerb gedrängt haben, um eine Schlappe zu vermeiden. Nicht so Haile. Er hat jede Herausforderung angenommen, selbst wenn die Sache aufgrund von Krankheit oder Verletzung auf des Messers Schneide stand. Furchtlos hat er sich ins Getümmel gewagt und konnte so jederzeit auch vor sich selbst bestehen.

2001, die Leichtathletik-WM in Edmonton, war so ein Fall. Viermal in Folge war Haile Weltmeister über 10.000 m geworden. Laufkollegen und Journalisten hielt er lachend ausgestreckte fünf Finger entgegen. Den fünften WM-Titel wolle er gewinnen. Niemand zweifelte daran. Nur Haile selbst und sein engster Kreis wussten, dass er Fieber hatte und verzweifelt um seine Form kämpfte. Im Rennen selbst gab es die übliche äthiopische Teamtaktik mit wechselnder Führung von Assefa Mezegebu und Ybeltal Amassu mit Haile im Schlepptau. Die beiden achteten so sehr darauf, Haile wie einen Geparden zur Jagd zu tragen, dass sie ihre eigene Chance verpassten. In der letzten Runde trat der Kenianer Charles Kamathi plötzlich an, überrannte die drei Äthiopier und holte sich den Titel. Haile wurde nur Dritter.

So etwas wie in Edmonton sollte nicht wieder passieren. Auch Haile war der Meinung, dass es in erster Linie um einen Sieg für das Land ginge und nicht um den Sieg einer Person. Im WM-Jahr 2003 erstrahlte ein neuer Stern am Läuferhimmel: Kenenisa Bekele, als unbezwingbarer Crosswelt-

meister gefeiert, aber ohne jegliche Erfahrung auf der Bahnrunde und deren Gesetzen, im tagelangen Leben im Hotel, im Umgang mit Journalisten, wo er scheu da saß, sprach er doch nur Amharisch. Nun zeigte sich die wahre menschliche Größe von Haile Gebrselassie, er umsorgte ihn, spielte den Dolmetscher und baute ihn expressiv verbis als seinen Nachfolger auf. Natürlich wollte Haile in Paris 2003 wieder Weltmeister über 10.000 m werden, doch gab es keine Taktik, keine Absprache. Äthiopiens Cheftrainer Dr. Woldemeskel Kostre wollte zwei Eisen im Feuer haben. Es wurde ein spannendes Rennen, das der jüngere knapp gewann. Großherzig riss Haile unmittelbar nach dem Ziel die Arme seines Bezwingers hoch. "Seht her, das ist unser nächster großer Mann!" Jubelnd lief er neben dem eher in sich gekehrten Kenenisa Bekele die Ehrenrunde und hinterließ auch bei der Pressekonferenz den Eindruck des fairen Sportsmanns, der gegen einen Besseren verloren hatte.
Vielleicht hat sich Haile an den jungen Haile erinnert, dem das Siegen auf internationaler Ebene wahrlich nicht leicht gemacht wurde. Bei der Junioren-Weltmeisterschaft in Seoul 1992 war er nach dem klaren Gewinn über 10.000 m auf der Zielgeraden mit dem späteren 5000-m-Weltmeister Ismail Kirui aus Kenia in eine Schlägerei verwickelt. Die Kenianer forderten Hailes Disqualifikation. Viel Ärger, doch Haile blieb Doppelweltmeister der Junioren. Ähnlich 1993 bei seinem ersten WM-Gewinn unter den Senioren in Stuttgart, Haile sollte dem führenden Kenianer Moses Tanui den Schuh ausgetreten haben... Schneller als jeder andere sah Haile, dass er Kenenisa Bekele auf der Bahn nicht besiegen konnte, und plante daher schon frühzeitig den Absprung auf die Marathonstrecke. Einen ersten Versuch unternahm er 2002 in London. In einem großen Rennen verbesserte Khalid Khannouchi in einem tollen Endspurt auf der Mall den Weltrekord. Geschlagen blieb auch Paul Tergat, Hailes ewiger Rivale und inzwischen sein Freund. Haile lief als Dritter von London 2:06:35 - eine inoffizielle Weltbestzeit für Marathon-Novizen!

Manfred Steffny, Herausgeber und Chefredakteur des Laufmagazins „SPIRIDON", Olympiateilnehmer im Marathon 1968 in Mexiko (Platz 17).

Sein Lachen verging ihm dann beim olympischen 10.000-m-Lauf 2004 in Athen. Geknickten Hauptes lief er als Fünfter ein, als Kenenisa schon in der Zielkurve jubelte. In der letzten Runde blieb er mit Fußschmerzen förmlich stehen. Haile quälte sich noch mit einer Ehrenrunde. Wenig später erfolgte die zweite Archillessehnenoperation. Doch der Mittdreißiger arbeitete zäh am Comeback auf der Straße. Sein Manager Jos Hemens vermittelte ihm einen hoch dotierten Mehrjahresvertrag mit dem London-Marathon. Doch im April 2006 wurde Haile trotz bester Vorbereitung und Umstellung seines Laufstils nur Neunter. "Neunter, das ist der schlechteste Platz meines Lebens", schimpfte er über sich selbst. Ein anderer hätte nun daran gedacht, die Laufschuhe an den Nagel zu hängen. Nicht so Haile. Im gleichen Oktober lief er Weltjahresbestzeit in Amsterdam und war wieder in aller Munde. 2006 scheiterte er bekanntlich nur knapp an Tergats Weltrekord. Seine Läufe oberhalb von Addis Abeba wurden länger. Er fühlte sich in bester Form. Und dann geschah das Unfassbare in London 2007: Ehe das Rennen richtig losging, stieg er aus, bei Kilometer 30. Er habe keine Luft mehr bekommen, sagte er später, was ihn nicht hinderte, die Londoner zum Abschied noch einmal freundlich zu grüßen. Der Rückschlag war unerklärlich, bis die Ärzte herausfanden, dass Haile an einer Pollenallergie gegenüber Pflanzen litt, die besonders in England wachsen. Sechs Wochen später trat Haile ohne jegliches Bahntraining in Hengelo über 10.000 m an. Auf den Tribünen hatte man Sitzkissen mit seinem Abbild verteilt. Immerhin hatte er hier zwei Weltrekorde aufgestellt. Wenn auch Sileshi Sihine vor Eliud Kipchoge gewann, der gefeierte Held war der Dritte, Haile Gebrselassie, der in Marathonschuhen als Fünfter 26:52,81 lief. Das stärkte sein Selbstvertrauen.

Haile kennt keine Angst vor Niederlagen. Dem Laufkönig bricht kein Zacken mehr aus der Krone. Zuletzt hat er immer noch gelacht. So auch bei den Afrika-Meisterschaften 2008 in Addis Abeba, als ihm wenige Minuten vor dem Start des 5 000-m-Rennens von der Universität Leeds der Ehrendoktor für internationale Verständigung verliehen wurde und er sich, statt würdevoll zur Tribüne zurück zu schreiten, mit Talar und Doktorhut spontan zu einer von 3500 Zuschauern umjubelten Ehrenrunde entschloss.

Immer wieder eine Herausforderung

Von Paul Tergat

Ich denke, es war Pech, speziell in Sydney. Wenn der Unterschied eine Sekunde beträgt, musst du akzeptieren, dass der andere besser war. Aber ein paar Hundertstel - das ist nichts... Ich akzeptiere, dass Haile bei Olympischen Spielen mehr Glück hatte als ich. Ich bin deswegen nicht bitter. Ich bin nicht der einzige, dem die olympische Krone fehlt. Wilson Kipketer hat die 800 m ein Jahrzehnt dominiert, aber er gewann nie eine olympische Goldmedaille. Und so ging es auch Moses Kiptanui, dem König über die Hindernisse. Das ist Sport.

Ich respektiere Haile sehr für das, was er erreicht hat. Er ist ein großer Champion - und auch ein guter Freund. Ich war schon bei ihm zu Hause in Addis und er war im November 2004 mit mir in Nairobi. Ich empfinde sehr viel Sympathie für ihn. Ich weiß auch, dass er immer sehr, sehr hart trainiert hat, vielleicht sogar härter als ich. Haile war derjenige, der mich immer herausgefordert hat, mehr zu tun, in all den Jahren, seit ich ein internationaler Läufer bin. Er hat mir geholfen, motiviert zu bleiben. Ich glaube, dass ich ohne ihn nie das Gleiche erreicht hätte. Aber ich bin auch überzeugt, dass er genauso von unserer Rivalität profitiert hat.

Paul Tergat, Kenia, Crossweltmeister 1995-99, Olympiazweiter 1996 und 2000 über 10.000 m, Weltrekord im Marathon 2003 (2:04:55), geboren am 17. Juni 1969, Armeeangehöri - ger, verheiratet, 3 Kinder.

Afrikas Lächeln

Von Wolfgang Weising

Wolfgang Weising, Chefredakteur des Journals „LAUFZEIT", ambitionierter Langstreckenläufer, Mitglied im Organisations-Team des Berlin-Marathons.

Afrika hat viele Gesichter. Fast allgegenwärtig sind uns solche, aus denen Hunger und Elend spricht. Und dann sind da noch jene Gesichter, die Hoffnung und Aufbruch des schwarzen Kontinents in die Welt tragen. Neben den Aufrechten vom Schlage eines Nelson Mandela oder anderen hervorragenden Afrikanerinnen und Afrikanern sind es nicht selten Sportler, die

bis heute Afrikas Stärke und Hoffnung verkörpern. Einer von ihnen ist zweifelsohne Haile Gebrselassie, der Wunderläufer aus Äthiopien.
Kenner der Sportszene und Fachleute wissen zu gut, dass es im Sport keine Wunder gibt. Auch die Höhenluft und die ererbten Gene allein sind es nicht. Zum Talent bedarf es auch des Charakters, der es zur Entfaltung bringt. Beharrlichkeit und unermüdlicher Trainingsfleiss bildeten auch für Haile Gebrselassie das Fundament seiner sportlichen Erfolge. Die Zahl seiner Weltrekorde findet nicht ihresgleichen in der Sportgeschichte. Doch längst lässt sich der sympathische und stets freundlich auftretende Mann nicht mehr allein auf seine sportlichen Erfolge reduzieren. Heute tritt er uns als erfolgreicher Geschäftsmann und gestandener Familienvater entgegen. Er engagiert sich für seine Heimat Äthiopien, die zu den ärmsten Ländern der Erde gehört, auf vielfältige Weise. Mehrere Schulen hat er beispielsweise mit seinem erlaufenen Geld finanziert. Mit seinen Firmen gibt er Menschen Arbeit.
Sein Charme und sein pfiffiger Humor, sein weltgewandtes Auftreten bei Pressekonferenzen am Rande seiner sportlichen Auftritte in aller Welt zeigen eines der charismatischsten Gesichter des heutigen Afrikas.
Es ist Afrikas Lächeln schlechthin. Seinem Land gibt er mit seinem Tun ein Stück Hoffnung. Er ist in seiner Heimat heute so populär wie kein anderer. Manche würden ihn gar als Präsidenten wählen wollen. Ein Idol für die Jugend ist er ohnehin. Hatte einst Marathon-Doppelolympiasieger Abebe Bikila begonnen, über den Sport Geschichte für Äthiopien zu schreiben, so nahm Haile Gebrselassie den Staffelstab als Sportler auf und trägt ihn heute in eine ganz neue Dimension.
Einem solchen Menschen möchte man von Herzen weitere Erfolge, ja, wenn es ginge ein ewiges Leben wünschen, damit er weiter Gutes bewirkt. Sportlich scheint er im reifen Sportleralter noch lange nicht am Zenit angelangt zu sein - er bringt weiter Spannung in die Langstreckenszene. Und das alles mit einem Lächeln, selbst nach 42,195 Kilometern.